L'analyse technique

Initiation au suivi boursier

Dans la même collection :

LE SCANDALE DES CAISSES D'ENTRAIDE
par Jacques FORGET — octobre 81

LA BOURSE, C'EST FACILE !
par Alain KRADOLFER — février 84

COMMENT RÉDUIRE VOS IMPÔTS PERSONNELS 84-85
par Paul JUTRAS, C.A. — novembre 84

INITIATION AUX VALEURS MOBILIÈRES
par Gérard BÉRUBÉ — septembre 85

LES OPTIONS
par Charles LANGFORD — octobre 85

COMMENT RÉDUIRE VOS IMPÔTS PERSONNELS 85-86
par Paul JUTRAS, C.A. — novembre 85

LA BOURSE, C'EST FACILE ! 3ième édition
par Alain KRADOLFER — avril 86

LE GUIDE DES COMPAGNIES QUÉBÉCOISES
INSCRITES EN BOURSE-86
par Gérard BÉRUBÉ — avril 1986

8 ANNÉES DE FLUCTUATIONS BOURSIÈRES
en co-édition avec THE FINANCIAL POST
INFORMATION SERVICES — mai 1986

Photocomposition et mise en page :
Typographie Vidéo RM ltée

© Publifor inc.
Tous droits réservés à
Publifor inc.
Dépôt légal : 2ᵉ trimestre 1986
Bibliothèque Nationale du Québec
Bibliothèque Nationale du Canada
ISBN 2-920610-09-0   ISBN 2-920610-09-0

L'analyse technique

Initiation au suivi boursier

par Charles LANGFORD

Bibliothèque *FINANCE*

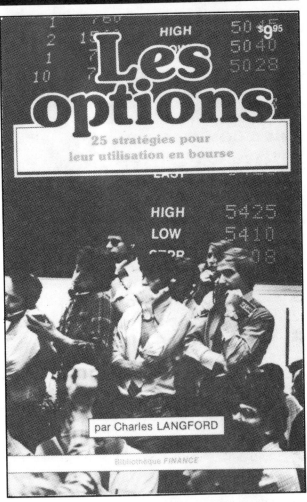

Préface

L'ANALYSE TECHNIQUE. Voici un sujet qui nous était souvent demandé par les investisseurs, néophytes comme boursicoteurs habitués. Tous veulent maintenant soit s'initier, soit connaître en détail les méthodes et clés d'interprétation de L'ANALYSE TECHNIQUE. En fait, ce livre était attendu depuis déjà longtemps.

Comme plusieurs autres titres publiés par BIBLIOTHÈQUE *FINANCE*, il s'agit d'une première en français au Québec. La collection des « titres pour l'investisseur » ajoute donc un ouvrage qui fera sa marque, aux côtés de LA BOURSE, C'EST FACILE !, LES OPTIONS, LE GUIDE DES COMPAGNIES QUÉBÉCOISES INSCRITES EN BOURSE et notre co-édition 8 ANNÉES DE FLUCTUATIONS BOURSIÈRES.

C'est d'ailleurs l'un des contributeurs les plus appréciés de BIBLIOTHÈQUE *FINANCE*, Charles LANGFORD, le spécialiste des denrées et des options, un conférencier reconnu aux cours dispensés par la Bourse de Montréal, qui signe L'ANALYSE TECHNIQUE. Charles LANGFORD est l'auteur de LES OPTIONS - 25 STRATÉGIES POUR LEUR UTILISATION EN BOURSE, dont la première édition (novembre 1985) est déjà presqu'épuisée.

Novices ou boursicoteurs expérimentés, L'ANALYSE TECHNIQUE devrait parfaire vos connaissances des marchés boursiers et améliorer votre performance d'investisseur.

Juin 1986

Jacques FORGET
Directeur

Table des matières

page

Introduction 13
Chapitre 1 : Les graphiques à OX 19
  Description 21
  Les signaux d'achat et de vente 29
  Les signaux dans les graphiques à OX 30
Chapitre 2 : Les graphiques à bâtonnets 61
  Description 63
  Les signaux 67
Chapitre 3 : Les moyennes mobiles 115
  Les m.m. ordinaires 117
  Les m.m. pondérées arithmétiques 125
  Les m.m. exponentielles 127
Chapitre 4 : La théorie d'Elliot,
les oscillateurs, le momentum, la force relative,
Gann 131
Chapitre 5 : L'analyse technique
par ordinateur 145
Appendice :
  A- La régression linéaire 157
  B- Les points tournants 161
  C- La force relative 164
  D- Le papier quadrillé 167

Introduction

La recherche pour découvrir la prochaine tendance du marché boursier en général ou celle d'un titre spécifique en particulier, s'appelle **analyse prévisionnelle**. Il y a deux grandes écoles d'analyse des tendances :

l'analyse fondamentale ;
l'analyse technique.

La première tente de découvrir la tendance à venir des prix en étudiant une foule de facteurs, comme par exemple, dans le cas d'une compagnie publique :
- les états financiers de l'entreprise en question,
- les ratios caractéristiques du secteur auquel la compagnie appartient,
- l'évolution du marché en général,
- le développement économique du pays dans lequel la compagnie se trouve et celui des pays dans lesquels éventuellement celle-ci exporte ses produits,
- la situation politique nationale et internationale,
- les facteurs saisonniers et climatiques (dans le cas des récoltes, par exemple),
- les facteurs sociologiques qui déterminent les changements de goût des consommateurs.

Il faut donc posséder une connaissance :
- des mathématiques pour calculer les projections statistiques des données,
- de l'économique pour en savoir chercher et analyser les facteurs essentiels,
- de la psychologie et de la sociologie pour savoir analyser l'évolution des consommateurs,
- de la chimie, de la physique et d'autres sciences connexes pour comprendre l'importance des découvertes et des nouveaux produits,
- des recherches sur le marché et du marketing.

Évidemment tout ce savoir ne se retrouve pas dans un seul individu. C'est un travail d'équipe, fait par des spécialistes, chacun dans un domaine spécifique.

Souvent l'investisseur est porté à chercher toutes ces connaissances dans la lecture des journaux, des chroniques et des hebdomadaires spécialisés. C'est ainsi que l'investisseur discipliné et qui veut réussir découpe les articles qu'il juge importants, collectionne les états financiers, suit les déclarations des administrateurs des sociétés dans lesquelles il désire investir et analyse l'opinion des experts de tel ou tel autre domaine.

Il se crée ainsi une banque de données ou d'arguments qui lui permettent de se faire une idée des raisons qui le pousseraient à choisir un titre, à l'acheter et à le vendre. Il s'agit pour lui d'établir la force de la demande, à travers toutes les raisons qui la créent, et en même temps d'établir celles de l'offre. Si l'intensité de l'offre dépasse celle de la demande, le prix aura tendance à baisser. Si l'ensemble des raisons qui déterminent la demande paraît plus influent que celles qui font l'offre, le prix aura une tendance à la hausse.

Malheureusement autant d'efforts sont souvent vains à cause de trois raisons principales :

1) la complexité de l'analyse à faire : beaucoup de variables à analyser et à pondérer, chacune d'une façon différente par rapport aux autres.

2) La nouvelle est déjà escomptée dans le marché boursier quand celle-ci arrive à la connaissance du lecteur. C'est ainsi que l'investisseur qui lit que les états financiers de la compagnie **XYZ** révèlent une baisse inattendue des profits nets est porté à acheter des options de vente pour profiter d'une baisse, alors qu'au même moment, très probablement, le titre commencera à remonter, après avoir déjà fléchi avant que le lecteur ait lu la nouvelle.

La raison du manque de synchronisation entre la réaction du marché et celle de l'investisseur réside dans le fait que la nouvelle était déjà publiquement connue ou escomptée par les analystes des institutions financières avant que le lecteur la reçoive.

3) L'interprétation que le lecteur fait de la nouvelle est différente de celle de la majorité des investisseurs. C'est ainsi qu'aux moments les plus intenses de la guerre entre l'Iraq et l'Iran, un lecteur pouvait penser que le prix de l'or était sur le point d'augmenter considérablement. Pourtant, la majorité des investisseurs, pour des raisons apparemment mystérieuses, avaient décidé le contraire. Dans ce cas, notre lecteur achète de l'or ou des options d'achats sur l'or. Mais, se trouvant à peu près seul dans cette direction du marché, il sera déçu du comportement du métal « précieux » et il perdra du temps et du capital.

L'investisseur qui vit tout ceci et les frustrations qui en découlent est normalement un néophyte du marché boursier. La prochaine étape dans son évolution sera la recherche d'un moyen d'interpréter le marché plus efficacement. Cette démarche le conduit inévitablement à l'**analyse technique**. Le point de départ de l'analyse technique se trouve dans une affirmation très simple : le prix est le point de rencontre et d'équilibre de toutes les raisons qui déterminent l'offre et de toutes celles qui créent la demande.

La conséquence en est que si on trouve un ou des systèmes, capables d'analyser l'évolution des prix pour anticiper leur tendance, le jeu est fait. On aura trouvé un nouveau système pour transiger dans le marché boursier. L'analyse technique est donc principalement l'étude de l'évolution des prix.

Le besoin humain de lire dans le futur boursier s'exprime parfois par des moyens qui n'ont rien en commun avec l'analyse technique et avec le marché boursier. C'est ainsi qu'une croyance toujours plus répandue veut que selon la ligue de football américain qui gagne en janvier, les indices boursiers réagiront immédiatement à la nouvelle en allant à la hausse ou la baisse pour ensuite se corriger et reprendre la même nouvelle tendance mais cette fois à long terme.

Une autre façon farfelue de voir le marché réside dans la mode. Si la mode a tendance à allonger la longueur des jupes, le marché boursier ira à la baisse. Et à l'inverse, plus la jupe aura tendance à raccourcir, plus les indices boursiers iront à la hausse. La largeur de la cravate est aussi un symptôme de tendance boursière à venir. Si la mode est pour une cravate étroite, le marché sera comfortablement à la hausse. Que faire quand la mode s'oriente en même temps vers une courte jupe et une cravate large ? Cela semble contradictoire. En réalité le passé a révélé que c'est la mini-jupe qui gagne : le marché sera à la hausse, mais non sans quelques difficultés.

Dans la même veine, il y faut surveiller la consommation d'aspirine. Plus elle augmente, plus la tendance à venir du marché boursier sera à la baisse et vice-versa. Ensuite il faudra vérifier la consommation de charbon de bois destiné à faire cuire la viande dans le jardin ou sur le patio. Plus cette consommation augmente, plus le marché boursier aura tendance à diminuer de valeur.

L'analyse technique se divise en trois principales tendances :
a) celle qui fait une projection dans le futur du comportement passé et actuel des prix. Sa principale expression se trouve dans le calcul de la régression linéaire. Si les cotes à venir sont inférieures à celles calculées, la tendance haussière du marché a changé de direction et vice-versa. En appendice le lecteur trouvera un exemple de calcul de régression linéaire.
b) Celle qui recherche et suit les mouvements cycliques du marché. L'hypothèse de départ est basée sur la conviction que tout prix qui monte descendra et à l'inverse. Il s'agit donc, selon cette théorie, de chercher la fréquence des cycles et d'analyser l'évolution des prix dans la période au cours de laquelle les calculs nous disent qu'un point tournant du marché est proche.
c) Celle qui suit la tendance actuelle pour déceler quand une variation des prix indiquera un point tournant.

Après plus de dix ans d'expérience dans l'analyse technique c'est le troisième point qui m'a révélé le plus grand potentiel d'efficacité et de réussite.

Ce livre a pour but de montrer aux investisseurs la synthèse d'une longue expérience personnelle dans l'analyse technique, et un inventaire de ce que l'analyse technique offre aujourd'hui aux investisseurs.

Dans ce livre, le lecteur trouvera cinq chapitres et une appendice :
1) les chartes « OX » : leur construction et leur interprétation ;
2) les graphiques à bâtonnets ;

16

3) les moyennes mobiles ;
4) la théorie d'*Élliott*, les oscillateurs, le momentum, etc. ;
5) l'analyse technique par ordinateur.

Mon but est d'offrir au lecteur des méthodes valables d'analyser des prix. Un conseil : un bon investisseur qui utilise l'analyse technique doit conserver au moins les deux derniers mois de cahiers économiques quotidiens lui donnant les cotes boursières. De cette façon il aura toujours accès à plus de 40 jours de cotes lui permettant d'avoir les données nécessaires sur tout titre pouvant l'intéresser. L'investisseur peut se servir de compagnies qui fournissent les cotes par ligne téléphonique, d'ordinateur à ordinateur. Naturellement il y a un coût pour obtenir ce service.

L'analyse technique est une activité de recherche et de créativité. L'investisseur qui l'utilise y trouvera une source de grandes satisfactions.

Charles LANGFORD

Chapitre I

Les graphiques à OX

Description

Le système de graphiques appelé aux É.-U. « Point & Figure Charts » est vieux d'un siècle. Il est né en même temps que les graphiques à bâtonnets, quand M. DOW lança sa théorie sur l'analyse technique. Dans ce volume on appellera ce type de graphiques à « OX ». Je crois que vous trouverez ce nom tout à fait logique.

Un graphique à OX, contrairement aux graphiques à bâtonnets, est en dehors de la notion temps. Si vous regardez un graphique à bâtonnets, vous trouverez que l'axe vertical indique les cotes et l'axe horizontal, le temps (des jours, des semaines, des mois, des années, des décennies). Dans le graphique à OX, l'axe vertical reflète les cotes, alors que l'axe horizontal n'a aucune définition. Faire un graphique à OX est plus complexe que faire celui à bâtonnets. Dans le graphique à OX, on indique avec un **X** les prix à la hausse et avec un **O** les prix à la baisse.

Il faut utiliser du papier quadrillé. Le plus pratique est celui dont vous trouvez en exemple à la fin du volume. Vous pourrez vous en servir pour faire des photocopies.

Chaque carré du papier utilisé doit représenter une valeur en $, par exemple $ 0,50. Si on fait un graphique à OX à inversion à 3 et dont le carré vaut $ 0,50, ceci signifie qu'on passe d'une colonne de X à celle des O quand le prix baisse au moins de la valeur de $ 1,50. S'il continue de baisser, pour chaque $ 0,50 de baisse il faut ajouter un 0 au bas de cette nouvelle colonne de 0. À l'inverse, si le prix se trouve dans une colonne de 0 et s'il monte de $ 1,50 (la valeur de 3 carrés) on passe de la colonne de 0 à une de X, en traçant trois X. Si le prix continue de monter, à chaque augmentation de $ 0,50 vous mettez un X au sommet de cette nouvelle colonne.

Quels sont les prix qu'il faut utiliser pour tracer ce genre de graphique ? Il y a deux possibilités :

- le graphique peut être fait en utilisant seulement les prix quotidiens de fermeture,
- on peut réaliser le graphique en utilisant les hauts et les bas quotidiens.

Les graphiques obtenus en se servant seulement des fermetures sont valables dans le sens qu'ils indiquent la réalité du marché en question mais ils sont moins précis dans les détails, parfois significatifs, que les graphiques obtenus en utilisant les hauts et les bas quotidiens. J'invite donc l'investisseur à se servir de cette deuxième méthode, un peu plus compliquée que la première mais plus riche en satisfactions. Voici un exemple de graphique à OX, à inversion de 3 carrés et dont la valeur de chaque carré est fixée arbitrairement à $ 0,50. On utilise les hauts et les bas quotidiens.

On utilisera les cotes d'une compagnie quelconque, la compagnie ABC, avec lesquelles faire le graphique à OX.

DATE 1985	HAUT $	BAS $	ENTRÉE X ou 0 (carré = $ 0,50)
22/7	44	43-1/2	43-1/2..44
23	43-1/2	42-1/4	42-1/2
24	42-5/8	41-7/8	
25	43	42-1/2	
26	43-1/8	42-1/2	
29	43	42-5/8	
30	42-7/8	42-1/2	
31	43	42-1/2	
1/8	43-1/4	42-5/8	
2	43-3/8	42-7/8	
5	43	42-1/2	
6	42-7/8	42-3/8	
7	42-5/8	42-1/4	
8	42-7/8	42-1/2	
9	43	42-3/4	
12	42-3/4	42-1/2	
13	42-3/4	42-3/8	
14	42-3/4	42-3/8	
15	42-1/2	42-1/8	
16	42-1/2	42-1/8	
19	42-1/2	42-1/4	
20	42-1/4	41-7/8	42 (8)
21	42-1/8	41-3/4	
22	41-3/4	41-3/8	41-1/2

23	41-3/4	41-1/2	
26	42-1/8	41-1/2	
27	42-3/8	42	
28	42-7/8	42-1/4	
29	43-1/8	42-5/8	43
30	44	43-1/2	44
3/9	43-3/4	43-1/8	
4	43-1/4	42-3/4	
5	43-1/8	42-1/2	42-1/2 (9)
6	43-1/2	43	
9	43-3/8	42-5/8	
10	43-1/4	42-3/4	
11	42-3/4	42-1/4	
12	42-3/8	42-1/8	
13	42-3/8	42	42
16	42-1/4	42	
17	42-1/4	41-5/8	
18	42-1/8	41-3/4	

(Exemple 1)

Graphique à OX
Inversion : 3
Carré : $ 0,50

```
45 |
   |
44 |  X        X
   |
   |  X    0   X    0
   |
43 |       0   X    0
   |
   |       0   X    9
   |
42 |       8   X    0
   |
   |       0
   |
41 |
   |
   |
40 |
```

Les numéros 8 et 9 à la place d'un X ou d'un 0 indiquent respectivement les mois d'août et de septembre, quand pour la première fois dans chaque mois il faut ajouter au graphique des X ou des 0. Ce détail permet de situer le graphique dans le temps.

La première colonne de X (il y en a deux) est arbitraire. Elle reflète le bas et le haut de la première journée de la série. La deuxième colonne indique une baisse : les premiers trois 0 (jamais moins que trois quand on commence une nouvelle colonne) ont été placés quand le prix des bas a atteint une valeur qui est de $ 1,50 plus basses (la valeur de 3 carrés, dont chacun représente $ 0,50) que le haut précédent ($ 44-0). La troisième colonne prend son origine du fait qu'après un bas à $ 41-1/2, le prix ne descend pas plus : au contraire, les hauts font un haut qui équivaut à une distance de $ 1,50 à la hausse par rapport à $ 41-1/2. La quatrième colonne prend son origine dans un bas qui est de $ 1,50 plus bas que le sommet de la plus récente hausse à $ 44-0.

Je reprends le même exemple de cotes, mais cette fois je donne au carré la valeur de $ 0,25, c'est-à-dire la moitié de la valeur donnée dans l'exemple précédent. Je conserve le concept d'inversion à 3. Le graphique à OX qui en résulte est plus sensible que le précédent et donc il y aura plus de colonnes de X et de 0.

DATE 1985	HAUT $	BAS $	ENTRÉE X ou 0 (carré = $ 0,25)
22/7	44	43-1/2	43-1/2..44
23	43-1/2	42-1/4	42-1/4
24	42-5/8	41-7/8	42
25	43	42-1/2	43
26	43-1/8	42-1/2	
29	43	42-5/8	
30	42-7/8	42-1/2	
31	43	42-1/2	
1/8	43-1/4	42-5/8	43 1/4
2	43-3/8	42-7/8	
5	43	42-1/2	42 1/2
6	42-7/8	42-3/8	
7	42-5/8	42-1/4	42-1/4
8	42-7/8	42-1/2	
9	43	42-3/4	43
12	42-3/4	42-1/2	
13	42-3/4	42-3/8	
14	42-3/4	42-3/8	
15	42-1/2	42-1/8	42-1/4
16	42-1/2	42-1/8	
19	42-1/2	42-1/4	
20	42-1/4	41-7/8	42
21	42-1/8	41-3/4	41-3/4
22	41-3/4	41-3/8	
23	41-3/4	41-1/2	41-1/2

24

26	42-1/8	41-1/2	
27	42-3/8	42	
28	42-7/8	42-1/4	42-3/4
29	43-1/8	42-5/8	43
30	44	43-1/2	44
3/9	43-3/4	43-1/8	43-1/4
4	43-1/4	42-3/4	42-3/4
5	43-1/8	42-1/2	42-1/2
6	43-1/2	43	43-1/2
9	43-3/8	42-5/8	42-3/4
10	43-1/4	42-3/4	
11	42-3/4	42-1/4	42-1/4
12	42-3/8	42-1/8	
13	42-3/8	42	42
16	42-1/4	42	
17	42-1/4	41-5/8	41-3/4
18	42-1/8	41-3/4	

(Exemple II)

Graphique à OX
Inversion : 3
Carré : $ 0,25

45										
44	X						X			
	X	0					X	0		
43 1/2	X	0					X	0	X	
		0	8				X	9	X	0
43		0	X	0	X		X	0	X	0
		0	X	0	X.	0	X	0	X	0
42 1/2		0	X	0	X	0	X	0		0
		0	X	0		0	X			0
42		0				0	X			0
						0	X			0
41 1/2						0				
41										
40										

Vous noterez que le nombre de colonnes de X et de 0 a plus que doublé par rapport à l'exemple précédent. La sensibilité du graphique a donc augmenté considérablement, ainsi que sa capacité de donner des signaux. Réduire ou augmenter la valeur du carré est une façon d'augmenter ou réduire la sensibilité des graphiques à 0X. Une autre façon consiste à changer le critère d'inversion. Dans les deux exemples précédents, l'inversion était à trois carrés. Trois carrés représentent l'inversion minimum. D'autres types peuvent être à 5 ou à 7. Des deux, le plus commun est celui à 5. En voici un exemple, toujours avec la même série de cotes.

DATE 1985	HAUT $	BAS $	ENTRÉE (inversion à 5) X ou 0 (carré = $ 0,50)
22/7	44	43-1/2	43-1/2..44
23	43-1/2	42-1/4	
24	42-5/8	41-7/8	
25	43	42-1/2	
26	43-1/8	42-1/2	
29	43	42-5/8	
30	42-7/8	42-1/2	
31	43	42-1/2	
1/8	43-1/4	42-5/8	
2	43-3/8	42-7/8	
5	43	42-1/2	
6	42-7/8	42-3/8	
7	42-5/8	42-1/4	
8	42-7/8	42-1/2	
9	43	42-3/4	
12	42-3/4	42-1/2	
13	42-3/4	42-3/8	
14	42-3/4	42-3/8	
15	42-1/2	42-1/8	
16	42-1/2	42-1/8	
19	42-1/2	42-1/4	
20	42-1/4	41-7/8	
21	42-1/8	41-3/4	
22	41-3/4	41-3/8	41-1/2 (8)
23	41-3/4	41-1/2	
26	42-1/8	41-1/2	
27	42-3/8	42	
28	42-7/8	42-1/4	
29	43-1/8	42-5/8	
30	44	43-1/2	44
3/9	43-3/4	43-1/8	

4	43-1/4	42-3/4
5	43-1/8	42-1/2
6	43-1/2	43
9	43-3/8	42-5/8
10	43-1/4	42-3/4
11	42-3/4	42-1/4
12	42-3/8	42-1/8
13	42-3/8	42
16	42-1/4	42
17	42-1/4	41-5/8
18	42-1/8	41-3/4

Comme vous pouvez constater, le nombre d'inversions de tendance est inférieur à celui du premier exemple, quand on avait un carré égal à $ 0,50 avec une inversion à 3.

Voici le graphique :

(Exemple III)   **Graphique à OX**
                         Inversion : 5
                         Carré : $ 0,50

```
 $ |
45 |
   |
44 |  X            9
   |  X      0     X
43 |         0     X
   |         0     X
42 |         0     X
   |         8
41 |
   |
40 |
```

Voici un quatrième exemple. Cette fois, avec une inversion à 5 carrés on adopte comme valeur du carré $ 0,25.

DATE 1985	HAUT $	BAS $	ENTRÉE X ou 0 (carré = $ 0,50)
22/7	44	43-1/2	43-1/2..44
23	43-1/2	42-1/4	42-1/4
24	42-5/8	41-7/8	42
25	43	42-1/2	
26	43-1/8	42-1/2	
29	43	42-5/8	
30	42-7/8	42-1/2	
31	43	42-1/2	
1/8	43-1/4	42-5/8	43-1/4 (8)
2	43-3/8	42-7/8	
5	43	42-1/2	
6	42-7/8	42-3/8	
7	42-5/8	42-1/4	
8	42-7/8	42-1/2	
9	43	42-3/4	
12	42-3/4	42-1/2	
13	42-3/4	42-3/8	
14	42-3/4	42-3/8	
15	42-1/2	42-1/8	
16	42-1/2	42-1/8	
19	42-1/2	42-1/4	
20	42-1/4	41-7/8	42
21	42-1/8	41-3/4	41-3/4
22	41-3/4	41-3/8	41-1/2
23	41-3/4	41-1/2	
26	42-1/8	41-1/2	
27	42-3/8	42	
28	42-7/8	42-1/4	42-3/4
29	43-1/8	42-5/8	43
30	44	43-1/2	44
3/9	43-3/4	43-1/8	
4	43-1/4	42-3/4	42-3/4 (9)
5	43-1/8	42-1/2	42-1/2
6	43-1/2	43	
9	43-3/8	42-5/8	
10	43-1/4	42-3/4	
11	42-3/4	42-1/4	42-1/4
12	42-3/8	42-1/8	
13	42-3/8	42	42
16	42-1/4	42	
17	42-1/4	41-5/8	
18	42-1/8	41-3/4	41-3/4

Graphique à 0X
Inversion : 5
Carré : $ 0,25

```
 $
45 |

44 | X                 X
   | X   0             X   0
   | X   0             X   0
   |     0   8         X   0
43 |     0   X   0     X   0
   |     0   X   0     X   9
   |     0   X   0     X   0
   |     0   X   0     X   0
42 |     0       0     X   0
   |             0     X   0
   |             0
41 |


40 |
```

Un investisseur peut donc choisir entre différents types de graphiques à 0X pour analyser le marché, selon que sa préoccupation est à long ou à court terme. Une plus grande valeur donnée au carré offre des signaux à plus long terme. Une inversion à 5 donne des signaux à plus long terme qu'une inversion à 3.

Dans la moyenne, les graphiques plus utilisés sont à inversion à 3 carrés, avec une valeur par carré variable entre $ 0,25 et $ 0,50.

Les signaux d'achat et de vente

Un signal d'achat est donné quand on aura pour la première fois un X de l'actuelle colonne de X supérieur au plus haut X de la colonne précédente.

Un signal de vente est donné quand on aura pour la première fois un 0 de l'actuelle colonne des 0 inférieur au plus bas 0 de la colonne de 0 précédente.

Si l'investisseur a pris une position dans le marché à la hausse, (achat initial d'actions et d'options d'achat ou vente initiale d'options de vente) sa protection, en cas de baisse, est le signal de vente décrit plus haut. Si ce dernier a pris une position à la baisse, (vente initiale d'actions et d'options d'achat ou achat initial d'options de vente) sa protection, en cas de hausse, est le signal d'achat décrit plus haut. Quand on parle de protection, on entend un prix auquel il faut liquider la position actuelle et éventuellement prendre une nouvelle position contraire à la précédente.

Les signaux dans les graphiques à OX

1) Les plus simples signaux d'achat et de vente sont les suivants :

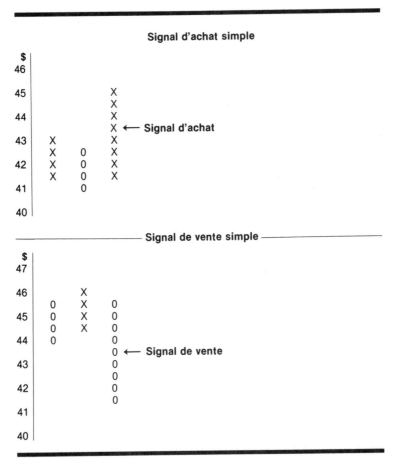

Leur fréquence est grande mais leur degré de crédibilité est faible : obéir systématiquement à tous ces signaux peut se révéler profitable sur papier mais si on tient compte du coût des commissions il est probable que le profit s'estompera et se traduira même en une perte.

2) Signaux à double fond ou à double sommet.

Signal d'achat à double fond

```
$
47
    0
46  0
    0           X
45  0           X
    0           X
44  0           X  ← Signal d'achat
    0   X       X
43  0   X   0   X
    0   X   0   X
42  0   X   0   X
    0   X   0   X
41  0       0

40
```

Signal de vente à double sommet

```
$
48

47  X       X
    X   0   X   0
46  X   0   X   0
    X   0   X   0
45  X   0   X   0
    X   0   X   0
44  X   0       0
    X           0  ← Signal de vente
43  X           0
    X           0
42  X           0
                0
41              0

40
```

Ce type de signal est identique au précédent sauf dans l'image. Vous noterez qu'avant que le signal d'achat soit donné, le bas du graphique est formé de deux 0. Vous constaterez la même chose, mais avec deux X, dans le cas du signal de vente, avant que celui-ci soit donné.

Ce type de signal est de beaucoup supérieur au précédent dans sa capacité de générer des profits.

3) Signaux en diagonale.

Signal d'achat en diagonale
(I version)

```
$
47   0
     0
46   0              X
     0              X
45   0              X
     0              X  ← Signal d'achat
44   0    X         X
     0    X   0     X
43   0    X   0     X
     0    X   0     X
42   0    X   0
     0    X
41   0

40
```

Signal de vente en diagonale
(I version)

```
$
47
     X
46   X   0
     X   0   X
45   X   0   X   0
     X   0   X   0
44   X   0   X   0
     X   0       0
43   X           0  ← Signal de vente
     X           0
42   X           0
     X           0
41   X

40
```

Signal d'achat en diagonal
(II version)

```
$
47    0
      0
46    0                X
      0                X
45    0                X
      0                X   ← Signal d'achat
44    0    X           X
      0    X    0       X
43    0    X    0       X
      0    X    0       X
42    0    X    0       X
      0    X    0
41    0

40
```

─── Signal de vente en diagonale ───
(II version)

```
$
47
      X
46    X    0    X
      X    0    X    0
45    X    0    X    0
      X    0    X    0
44    X    0    X    0
      X    0         0
43    X              0   ← Signal de vente
      X              0
42    X              0
      X              0
41                   0

40
```

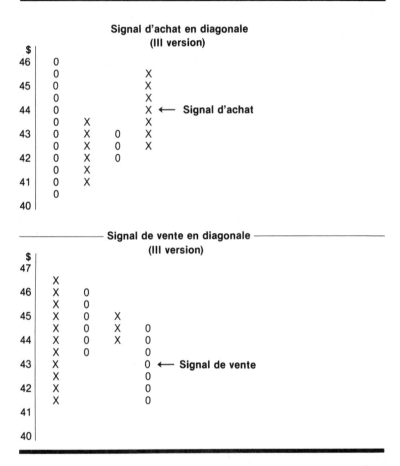

**Signal d'achat en diagonale
(III version)**

```
  $
 46 | 0
    | 0            X
 45 | 0            X
    | 0            X
 44 | 0            X  ←— Signal d'achat
    | 0   X        X
 43 | 0   X   0    X
    | 0   X   0    X
 42 | 0   X   0
    | 0   X
 41 | 0   X
    | 0
 40 |
```

─────── **Signal de vente en diagonale** ───────
(III version)

```
  $
 47 |
    | X
 46 | X   0
    | X   0
 45 | X   0   X
    | X   0   X   0
 44 | X   0   X   0
    | X   0       0
 43 | X           0  ←— Signal de vente
    | X           0
 42 | X           0
    | X           0
 41 |
    |
 40 |
```

Dans le cas du signal d'achat, celui-ci est précédé par le même graphique précédent. Il y a deux 0 à former le fond : toutefois, les deux 0 ne sont pas placés sur la même ligne horizontale : celui de droite est plus haut que le précédent. Vous constaterez la même chose dans le cas du graphique relatif au signal de vente, mais avec des X.

Cette configuration est meilleure que celle décrite à 2) dans la capacité de générer des profits. Toutefois, ce genre de formation graphique est moins commune que la précédente.

4) Les signaux à triangle.

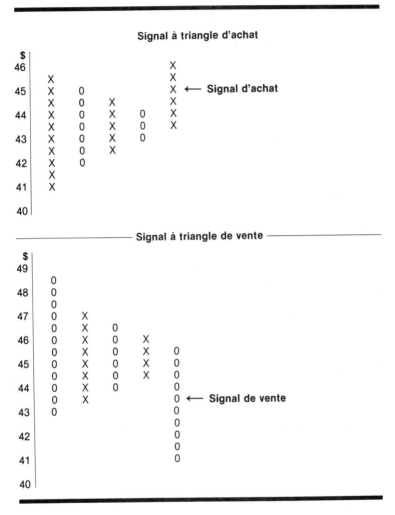

Signal à triangle d'achat

```
$
46                           X
     X                       X
45   X    0                  X  ← Signal d'achat
     X    0    X             X
44   X    0    X    0        X
     X    0    X    0        X
43   X    0    X    0
     X    0    X
42   X    0
     X
41   X

40
```

——————————— **Signal à triangle de vente** ———————————

```
$
49
     0
48   0
     0
47   0    X
     0    X    0
46   0    X    0    X
     0    X    0    X    0
45   0    X    0    X    0
     0    X    0    X    0
44   0    X    0         0
     0    X              0  ← Signal de vente
43   0                   0
                         0
42                       0
                         0
41                       0

40
```

Ce type de signal est caractérisé par la présence d'un triangle : vous noterez qu'au fond de la configuration qui donne un signal d'achat il y a deux 0 dont celui de droite est plus haut que le précédent. Ceci correspond à ce que vous avez constaté en 3) mais de

35

plus vous avez deux 0 en position descendante dans la partie supérieure du triangle.

Vous contaterez le même aspect dans la configuration qui porte un signal de vente. Ce genre de configuration indique que le marché vit avant tout une période d'indécision (le triangle) et ensuite il prend clairement une direction. C'est un excellent signal du point de vue profit. Toutefois il est rare.

5) Les signaux à trois sommets (pour un marché à la hausse) ou à trois bas (pour un marché à la baisse).

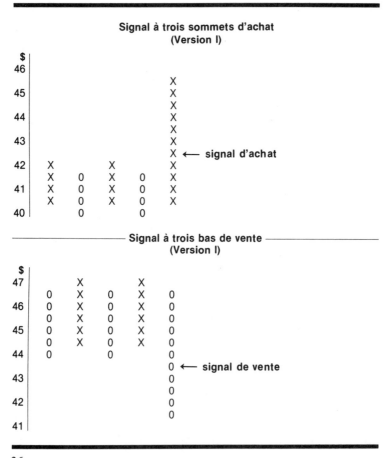

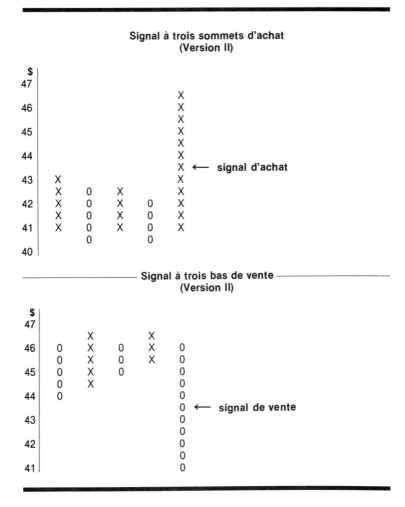

**Signal à trois sommets d'achat
(Version II)**

```
$
47 |
         X
46 |       X
         X
45 |       X
         X
44 |       X ← signal d'achat
         X
43 | X       X
   X  0  X   X
42 | X  0  X  0  X
   X  0  X  0  X
41 | X  0  X  0  X
      0     0
40 |
```

——————————————— **Signal à trois bas de vente** ———————————————
(Version II)

```
$
47 |
      X     X
46 | 0  X  0  X  0
   0  X  0  X  0
45 | 0  X  0     0
   0  X        0
44 | 0            0
              0  ← signal de vente
43 |          0
              0
42 |          0
              0
41 |          0
```

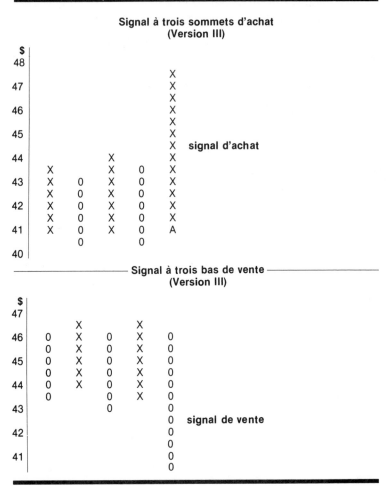

Les trois sommets dans une configuration à la hausse sont donnés par les trois X qui se trouvent à la même hauteur avant que le signal d'achat soit donné. Vous constaterez que le signal d'achat est donné une fois que le X dépasse à la hausse les deux X précédents. En plus de ceci, le fond de la configuration est fait de deux 0. Il s'agit donc d'une construction avec deux détails, dont chacun est en soi une configuration qui porte à une hausse.

Vous constaterez des détails équivalents dans la configuration qui porte au signal de baisse. Il s'agit d'un excellent signal.

6) Formation en diagonale plus un triple sommet (à la hausse) ou un triple fond (à la baisse).

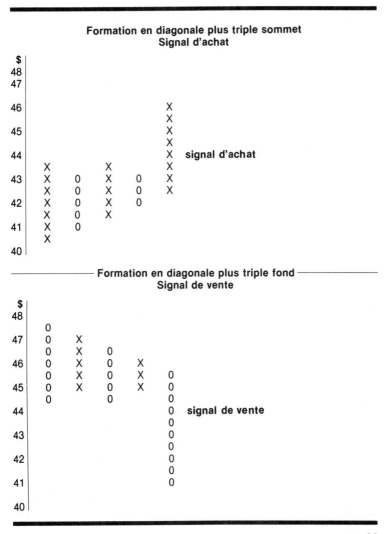

Formation en diagonale plus triple sommet
Signal d'achat

Formation en diagonale plus triple fond
Signal de vente

Ce genre de configuration contient, à la hausse, deux détails qui favorisent la hausse. Le premier est formé de deux 0 en diagonale dont le deuxième est plus haut que le précédent. Le deuxième est fait de trois X en horizontal. Vous trouverez, inversés, les mêmes détails pour la formation à la baisse. Inutile de dire qu'il s'agit d'excellents signaux.

7) Les signaux avec trois bas (à la hausse) ou trois hauts (à la baisse).

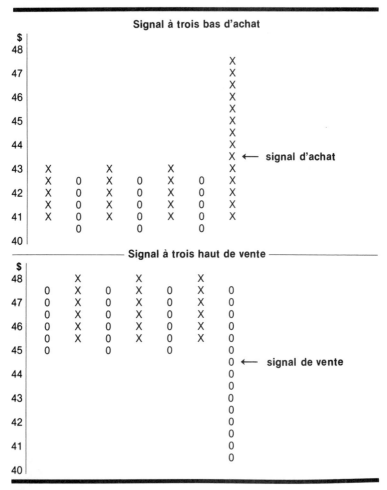

Signal à trois bas d'achat

Signal à trois haut de vente

C'est une combinaison des configurations précédentes. Le signal en soi est excellent comme indicateur, mais il est plutôt rare.

Le nombre de variantes possibles de signaux d'achat et de vente peut encore augmenter. Voici une série d'exemples de graphiques à OX sur des titres canadiens. Seul les graphiques sur les indices ne sont pas à inversion à 3. Vous pourrez utiliser les graphiques suivants de deux façons :
1) repérer les différents signaux d'achat et de vente donnés dans les pages précédentes ;
2) vérifier la fréquence et l'efficacité des différents signaux.

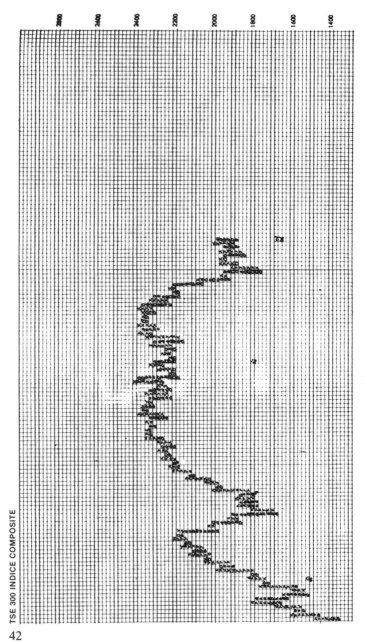

TSE 300 INDICE COMPOSITE

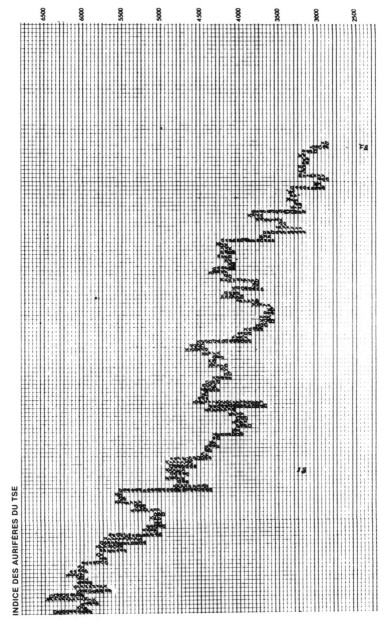

INDICE DES AURIFÈRES DU TSE

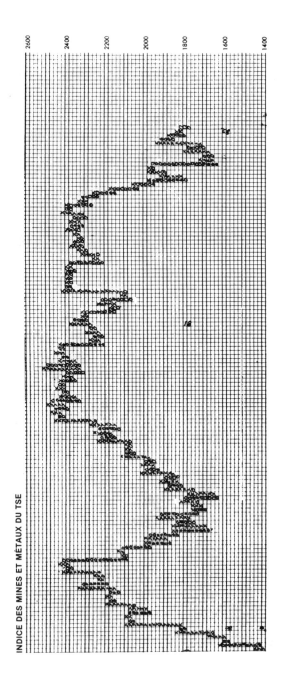

INDICE DES MINES ET MÉTAUX DU TSE

44

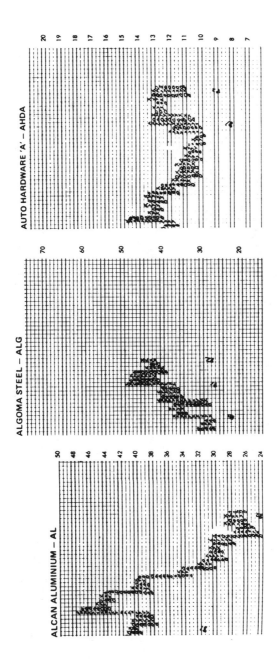

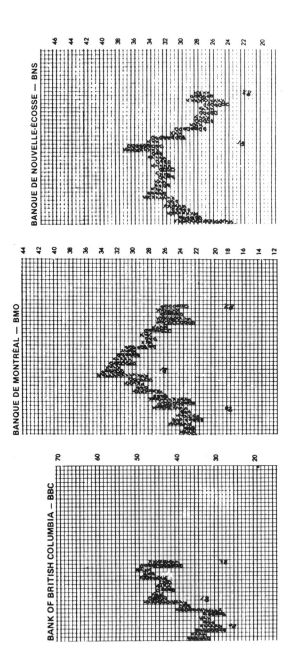

46

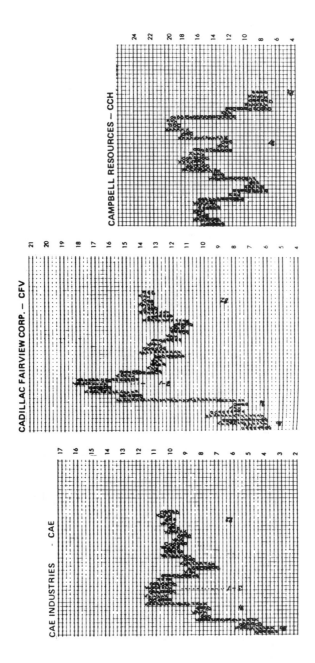

CAE INDUSTRIES - CAE

CADILLAC FAIRVIEW CORP. — CFV

CAMPBELL RESOURCES — CCH

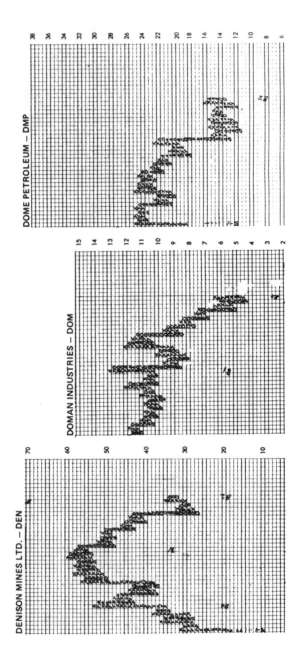

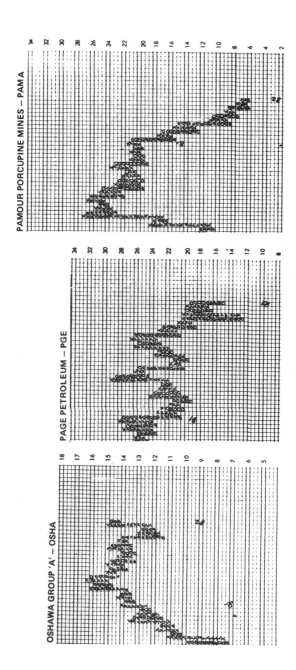

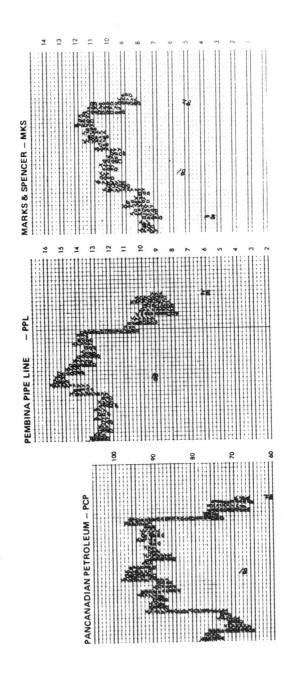

50

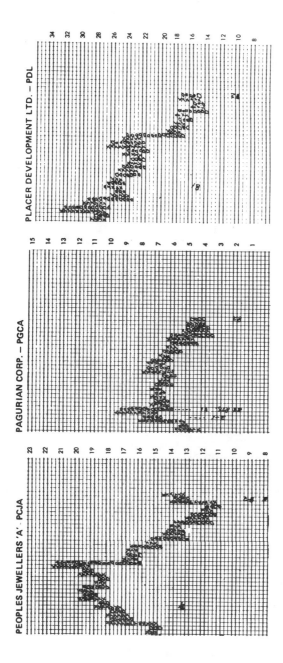

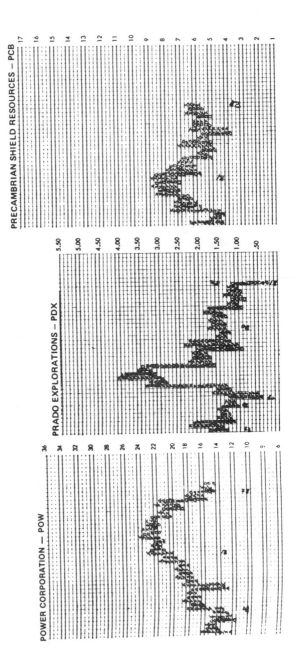

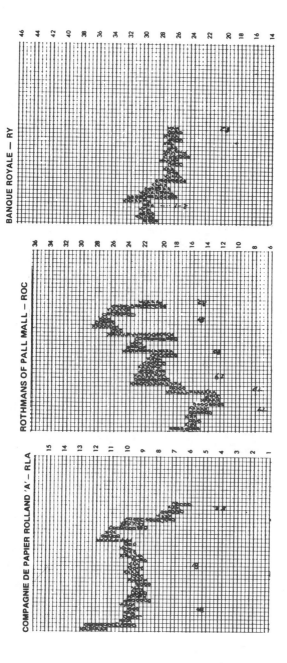

COMPAGNIE DE PAPIER ROLLAND 'A' — RLA

ROTHMANS OF PALL MALL — ROC

BANQUE ROYALE — RY

53

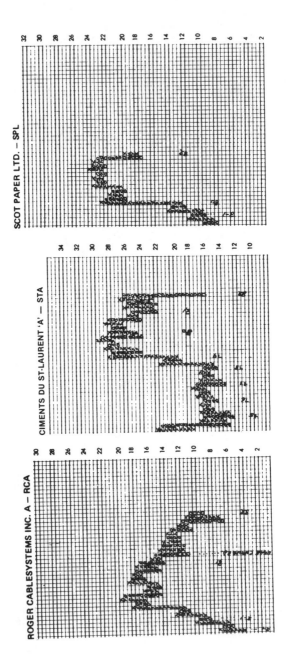

54

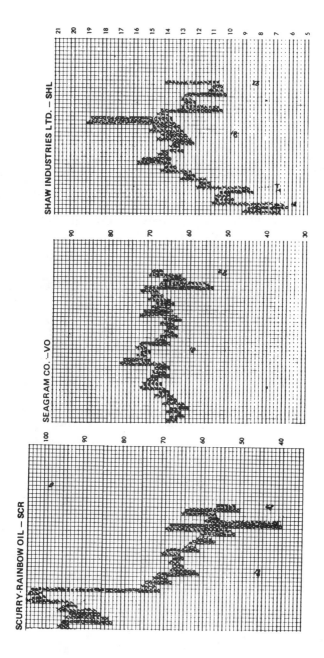

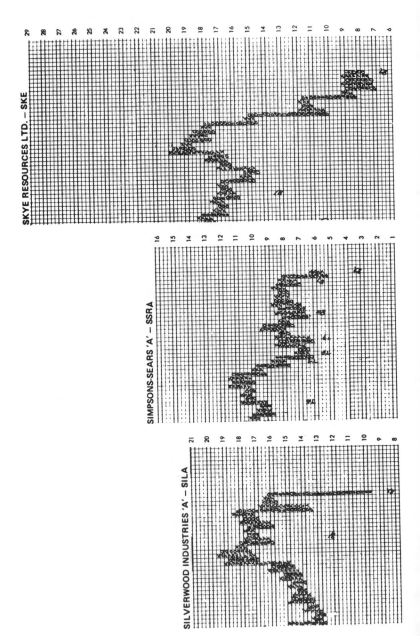

SKYE RESOURCES LTD. — SKE

SIMPSONS-SEARS 'A' — SSRA

SILVERWOOD INDUSTRIES 'A' — SILA

56

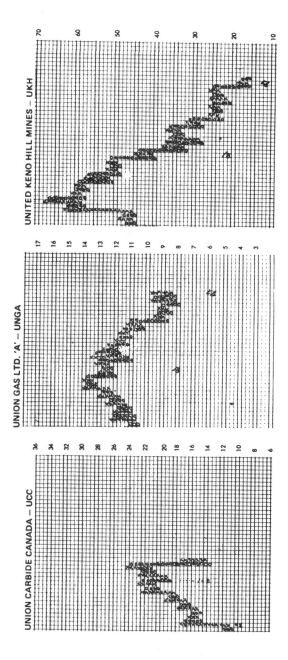

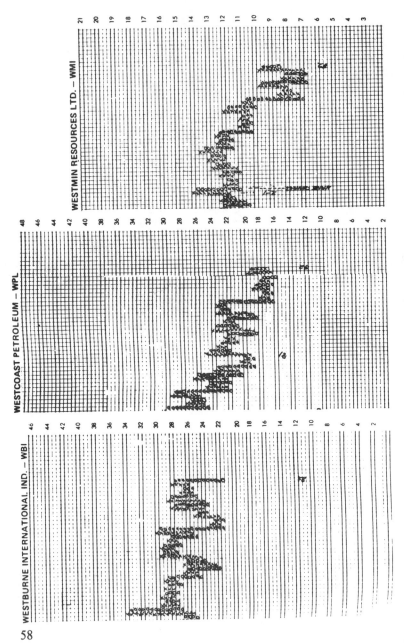

WESTBURNE INTERNATIONAL IND. — WBI

WESTCOAST PETROLEUM — WPL

WESTMIN RESOURCES LTD. — WMI

58

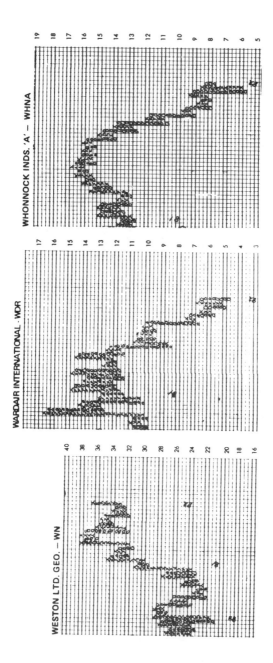

Chapitre 2

Les graphiques
à bâtonnets

Description

Il y a sûrement déjà un siècle que les premiers graphiques à bâtonnets voyaient le jour. On attribue leur origine au génie de M. DOW, un des co-fondateurs du célèbre indicateur boursier Dow Jones. La compagnie Dow Jones publie aujourd'hui, entre autres, le très apprécié quotidien **The Wall Street Journal** et le non moins lu hebdomadaire **Barron's**.

M. DOW avait énoncé sa théorie sur l'analyse technique graphique parce qu'il avait constaté que même la plus approfondie des analyses sur les raisons qui peuvent pousser un titre à la hausse ou à la baisse ne permettait pas de prédire la direction effective du marché. Le niveau d'erreurs était trop grand pour lui prêter une confiance aveugle. Il s'était donc tourné vers la recherche d'un nouveau système d'analyse basée sur le comportement des prix.

Un graphique à bâtonnet (« Bar Chart » en anglais) est composé de deux axes : un horizontal, indiquant le temps, et l'autre vertical, indiquant les prix. On se sert de papier quadrillé, du genre de celui dont vous avez un exemple en appendice. Certaines papeteries disposent de cahiers de feuilles de grand format, permettant ainsi de faire moins recours à cette opération de collage de feuilles entre elles au fur et à mesure que les graphiques avancent dans le temps et évoluent quant au prix.

Pour faire soi-même ses propres graphiques, il suffit donc de disposer de ces feuilles, d'un crayon, des cotes du jour (le haut, le bas et la fermeture) et de quelques minutes de temps quotidien.

Ceux et celles qui n'ont pas le temps peuvent s'abonner à des services hebdomadaires spécialisés de graphiques à bâtonnets.

Pour chaque jour de bourse, il faut tracer sur le graphique un trait vertical qui relie le haut avec le bas du jour, plus un petit trait horizontal, sur la droite du trait vertical, pour indiquer le prix de fermeture.

Plusieurs investisseurs ont tendance, au début, à faire un graphique dont le temps est indiqué en semaines. Ils tracent un seul trait par semaine, reliant le haut de la semaine avec le bas de la semaine. Le petit trait horizontal indique la fermeture du vendredi.

Un tel genre de graphique fait épargner du travail et il donne les tendances de fond du marché. Toutefois, il n'est pas indiqué pour déceler des signaux d'achat et de vente pratiques.

Un autre genre de papier utilisé, beaucoup moins fréquemment, est celui qu'on appelle sémi-logarithmique. Un exemple se trouve en appendice. L'axe horizontal est égal à celui des graphiques à bâtonnets ordinaires. Il indique le temps de la même façon.

L'axe vertical indique les prix. Vous constaterez, toutefois, que les divisions sont différentes. Il y a trois parties, chacune allant de un au un suivant. La première partie, celle inférieure, peut être utilisée pour indiquer les valeurs allant de 1 à 10, par exemple de $ 0,10 à $ 1,00. La partie centrale peut servir à indiquer la suite : de $ 1,00 à $ 10,00. La troisième enfin, celle supérieure, peut servir pour une variation de prix allant de $ 10,00 à $ 100,00. Naturellement, les trois parties composent le même graphique, dans le sens que l'axe vertical, ainsi décrit, permet d'indiquer les fluctuations de prix d'un même titre, allant de $ 0,10 à $ 100,00. Pourquoi les subdivisions ne sont-elles pas espacées d'une distance égale, comme dans le cas des graphiques à bâtonnets sur papier ordinaire ?

La raison est simple : un titre qui se trouve à $ 1,00 et qui augmente de $ 1,00 pour arriver à $ 2,00 bénéficie d'une augmentation de valeur de 100 % sur le prix initial. Un deuxième titre, qui se trouve à $ 10,00 et qui augmente de $ 1,00 pour se trouver à $ 11,00, bénéficie d'une augmentation de 10 % sur le prix initial. Les deux titres ont eu un égal accroissement de valeur de $ 1,00 en

chiffres absolus ; mais l'augmentation relative montre une différence de 10 fois entre l'une et l'autre.

Le papier sémi-logarithmique tient compte de cette réalité. En
effet, la distance sur l'axe vertical entre 1 et 2 est égale à celle entre
2 et 4, 4 et 8, pour tenir compte de cette relativité.

Le concept de la relativité du gain ou de la perte fait par un titre par rapport à son prix aurait une plus grande et juste importance que celle qu'il a effectivement si tout le monde adoptait ce genre
de papier quadrillé.

La très grande majorité des investisseurs qui font des graphiques n'utilise pas le papier semi-logarithmique, mais plutôt le papier quadrillé ordinaire. La plupart des services de graphiques
disponibles aux investisseurs par abonnement sont aussi offerts sur
du papier quadrillé ordinaire. Une maxime importante à la bourse
dit de ne pas aller contre le marché : cela coûte trop cher. Il faut
donc faire comme la majorité des investisseurs. Si ces derniers utilisent des graphiques sur papier ordinaire ceci signifie que l'investisseur néophyte doit aussi l'utiliser. Un graphique à bâtonnet ordinaire se présente comme suit :

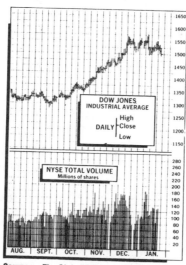

Source : « The Globe/Mail » du 22/1/86.

65

La série de traits verticaux oscille en composant des « images ». Dans la partie inférieure du graphique, on trouve des traits verticaux, dont la hauteur est inégale. Ces derniers indiquent le volume des actions qui ont changé de main chaque jour : plus le trait est haut, plus le volume a été élevé ce jour-là.

Souvent les investisseurs se demandent si le volume est important dans l'analyse de l'évolution des prix pour découvrir la tendance véritable du marché. Personnellement, je ne crois pas que le volume soit un facteur d'analyse important ; il l'a été dans le passé, quand le volume global annuel était sensiblement constant. Ces dernières années toutefois, le volume global des bourses s'est révélé en croissance continuelle parce que le nombre des investisseurs et leur capacité financière ont augmenté sans cesse et aussi parce que de plus en plus les bourses sont disposées à allonger les heures d'ouverture, au point de laisser entrevoir dans un avenir rapproché des marchés ouverts 24 heures sur 24.

Des marchés à 24 heures existent déjà. C'est le cas de l'or, par exemple. Les obligations fédérales US et les devises approchent déjà de cette réalité. Un investisseur qui ne craint pas de se lever vraiment tôt le matin peut transiger avec les marchés de Londres à partir de 3 heures du matin, heure de Montréal, pour ensuite continuer avec les marchés nord-américains à partir de 8h20 du matin, quand la première bourse de l'Amérique du Nord, celle des devises à Chicago, ouvre.

En dehors des bourses, les transactions du marché financier se font sur 24 heures entre institutions financières et maisons de courtage sur toute la planète. Dans le domaine des transactions hors bourse même, les jours fériés propres à un pays sont ignorés quand les marchés sont ouverts dans d'autres pays.

Les investisseurs qui jugent le volume important le surveillent en relation avec l'évolution des prix correspondant du titre ou du marché en général. Par exemple, si le volume augmente et le prix monte, la poussée à la hausse est considérée plus solide que si c'était l'inverse quand le prix monte et en même temps le volume baisse.

Les exemples de graphiques à bâtonnets qui suivront sont pris du marché à terme. Leur évolution est tout-à-fait égale à celle obtenue avec l'évolution des prix des titres boursiers. En effet tout graphique obtenu avec des prix qui évoluent librement selon le jeu de l'offre et de la demande présente les mêmes caractéristiques.

Les signaux

Deux des plus simples configuration qui indiquent une inversion du marché ont la forme d'un M (dans le cas d'une inversion vers la baisse) et celle d'un W dans le cas d'une inversion vers la hausse. Prenons l'exemple suivant, un graphique à bâtonnet basé sur une denrée à terme, le café :

Coffee, Sugar and Cocoa Exchange, Inc., N.Y.

COMMODITY PERSPECTIVE/CHICAGO, ILLINOIS 60604

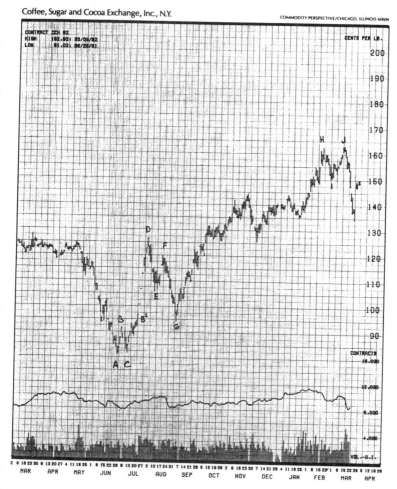

L'image formée par les lettres A,B,C est un W. Il nous indique un marché à la hausse, une fois atteint et dépassé à la hausse le point qui se trouve à la même hauteur du point B, sur la montée CD, soit B'.

Quand les points A et C sont à la même hauteur, il s'agit d'un W régulier. Si la pointe à droite est plus haute que celle de gauche, la configuration W révèle encore plus une tendance haussière. C'est le cas, dans le même graphique, de l'ensemble des points AC, DF, G. On considère AC comme un seul point ; on considère DF aussi comme un seul point. On se trouve alors devant un W, plus grand que le précédent, dont le point G est plus élevé que l'ensemble des points AC. Le potentiel à la hausse de cette image est plus fort que celui qui résulte d'une image de la même ampleur mais dont les deux points bas sont à la même hauteur.

Toujours dans le même graphique, on remarque l'image à forme de M qui indique une inversion de tendance des prix, cette fois vers la baisse. Il s'agit de l'image formée par les points indiqués avec les lettres H, I, J. Le signal d'un marché à la baisse est donné quand le prix atteint et dépasse à la baisse le point I', qui se trouve à la même hauteur du point I. Les deux points H et J se trouvent à la même hauteur. Il s'agit donc d'un M régulier. Si le point J était plus bas que le point H, la tendance à la baisse serait probablement plus accentuée.

D'autres types d'images indiquant une inversion de tendance des prix ont cette forme :

Image à tête-épaules
Inversion de tendance de la hausse vers la basse.

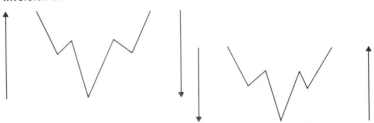

Image à tête-épaules
Inversion de tendance de la baisse vers la hausse.

Un exemple se trouve dans le graphique suivant :

Le franc suisse

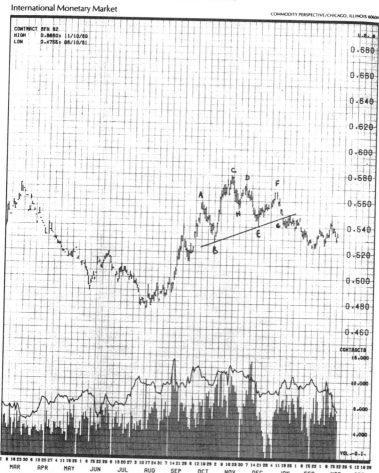

On considère les points CD comme un seul et on l'appelle tête, les points A et F s'appellent épaules. L'image globale est composée d'une tête et de deux épaules. Le trait BEG représente ce qu'on appelle une « ligne de cou ». Dans la configuration de ce graphique, le signal à la baisse est donné quand le prix traverse pour la première fois à la baisse la ligne BEG. Les points CDH forment en soi un M : une figure à la baisse. Souvent, dans une figure tête-épaules on retrouve la tête sous la forme d'un M.

Dans le graphique suivant, on a un autre exemple de configuration tête-épaules. Cette fois la tête est formée d'un seul point C.

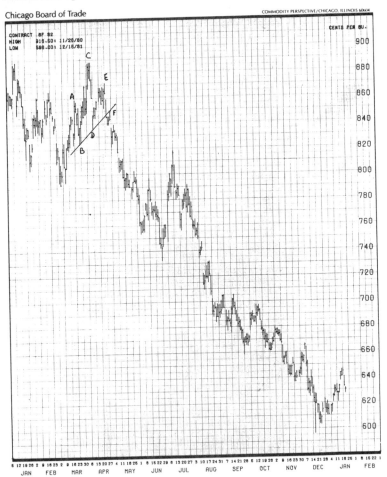

Dans le graphique suivant, on retrouve deux configuration « tête-épaules » : l'image composée des chiffres 1, 2, 3, 4, 5 est une configuration qui indique une inversion à la hausse une fois que le prix a atteint et dépassé le point 6.

La figure A, B, C, D, E représente une inversion de tendance à la baisse.

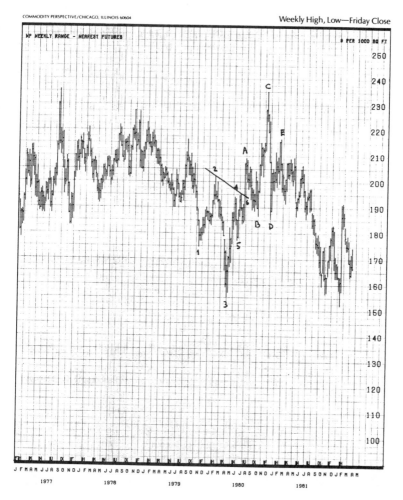

Une autre configuration qui révèle l'inversion de tendance est celle indiquée dans le graphique suivant : la forme arrondie AB indique une tendance au changement de la direction des prix. Une courbe arrondie vers le haut indique une nouvelle tendance à la hausse. Une courbe contraire indique une nouvelle tendance à la baisse.

Livre sterling

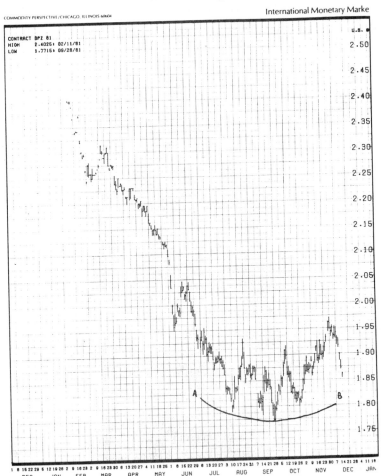

La meilleure façon d'utiliser les graphiques à bâtonnets consiste toutefois dans la recherche des <u>lignes de support</u> et de <u>tendance</u>.

Ceci parce que la formation d'images du type indiqué, surtout la « tête-épaule » et les formes arrondies, n'est pas fréquente.

On appelle ligne de support celle qui souligne une tendance à la hausse. Elle est obtenue tout simplement en unissant 2 ou 3 des points les plus bas atteints par les prix durant leur ascension. Voici un exemple :

Livre sterling

La ligne se prolonge jusqu'au point A, où le prix la coupe à la baisse. Quand la ligne de support est traversée à la baisse, la tendance précédente n'est plus la même. Le plus souvent ceci indique un virement de tendance. Une ligne de résistance est celle tracée en unissant deux ou trois sommets touchés par les prix dans leur tendance à la baisse, comme dans l'exemple suivant :

Weekly High, Low—Friday Close

Quand le prix traverse la ligne au point A, la tendance précédente n'est plus la même. Le plus souvent, la tendance à la baisse se transforme en tendance à la hausse. Quand une ligne de résistance est traversée à la hausse, le prix change de direction et le plus souvent tend à la hausse. L'investisseur soucieux d'interpréter ses graphiques ne doit pas se limiter à tracer une ou deux lignes. Chaque tendance, petite ou grande, doit faire l'objet d'une ligne de support ou de résistance. Plus on trace de lignes, plus claire deviendra l'interprétation du graphique à bâtonnets, comme dans l'exemple suivant :

COMMODITY PERSPECTIVE/CHICAGO, ILLINOIS 60604   Weekly High, Low—Friday Close

Alors que tracer des lignes de tendance et en tirer les consé-
quences est simple, beaucoup plus difficile est la « lecture » des
images sur les graphiques à bâtonnets. Voici d'autres exemples, ti-
rés cette fois du domaine des actions et obligations canadiennes.
L'investisseur doit toujours attendre que l'image, surtout dans le
cas de l'inversion de tendance, soit complétée avant d'affirmer
qu'il s'agit d'un « M », d'un « W » ou d'une « tête et épaules » et
de prendre des décisions en conséquence.

L'image est complétée seulement quand la ligne A tracée à la
base de l'image est traversée par le prix comme dans les dessins
suivants :

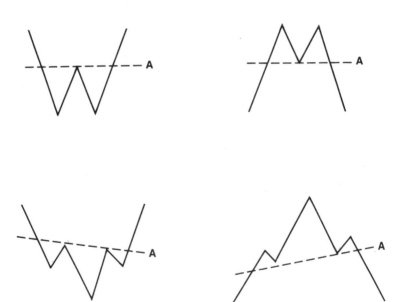

Voici des exemples de « M », une formation qui indique une
inversion du marché vers la baisse. Les deux pointes qui forment
l'image sont indiquées avec les lettres A et B.

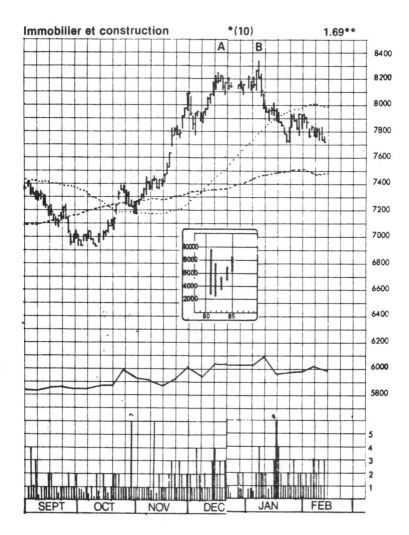

Immobilier et construction *(10) 1.69**

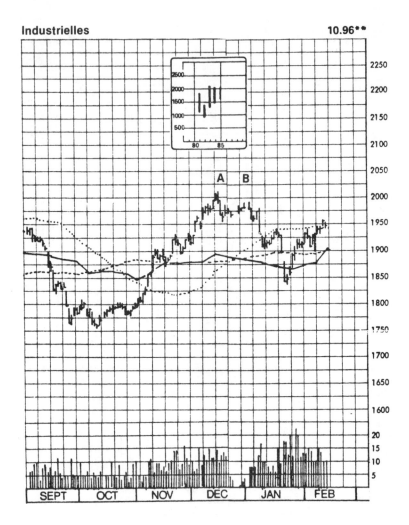

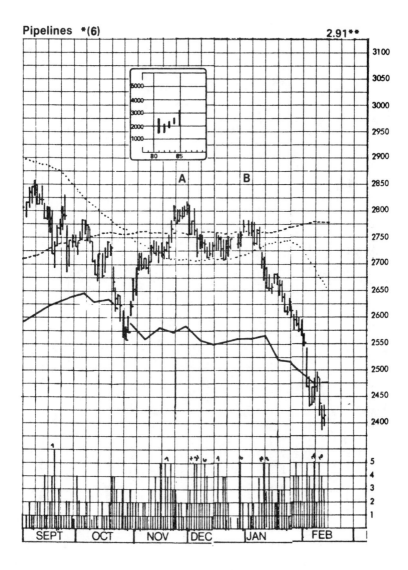

Pipelines *(6)   2.91**

SEPT   OCT   NOV   DEC   JAN   FEB

79

Westcoast Transmission Co. · WTC

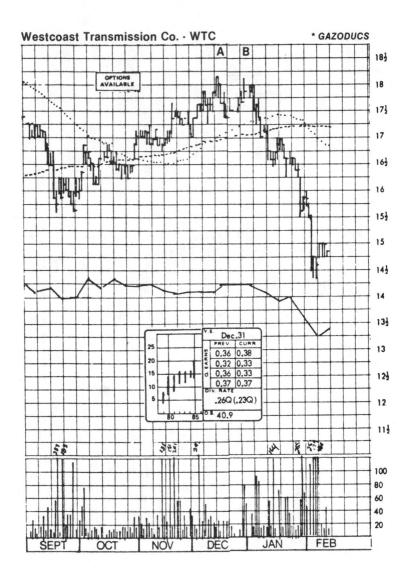

OPTIONS AVAILABLE

A   B

18½
18
17½
17
16½
16
15½
15
14½
14
13½
13
12½
12
11½

Y.E. Dec,31

	PREV	CURR
EARNS	0.36	0.38
	0.32	0.33
	0.36	0.33
	0.37	0.37

DIV. RATE
.26Q (.23Q)
40.9

100
80
60
40
20

| SEPT | OCT | NOV | DEC | JAN | FEB |

Falconbridge Ltd. · FL

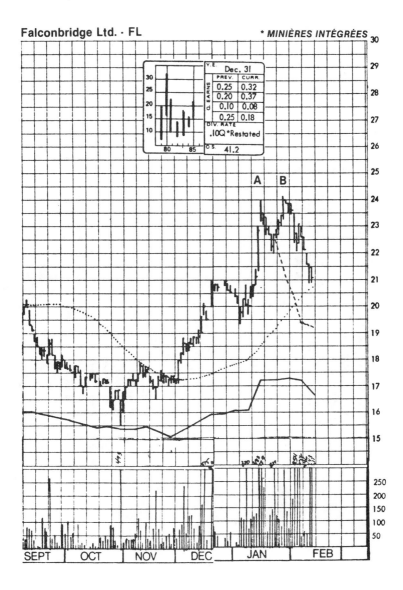

Y.E.	Dec. 31	
	PREV.	CURR.
Q. EARNS	0.25	0.32
	0.20	0.37
	0.10	0.08
	0.25	0.18
DIV. RATE	.10Q *Restated	
O.S.	41.2	

SEPT OCT NOV DEC JAN FEB

Dome Petroleum - DMP

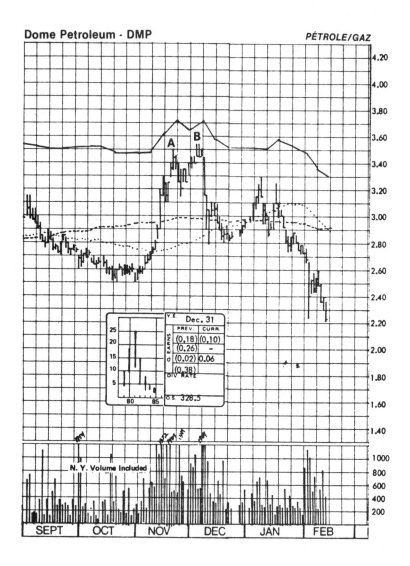

N. Y. Volume Included

SEPT | OCT | NOV | DEC | JAN | FEB

Denison Mines Ltd. 'A' - DEN. A

ÉNERGIE

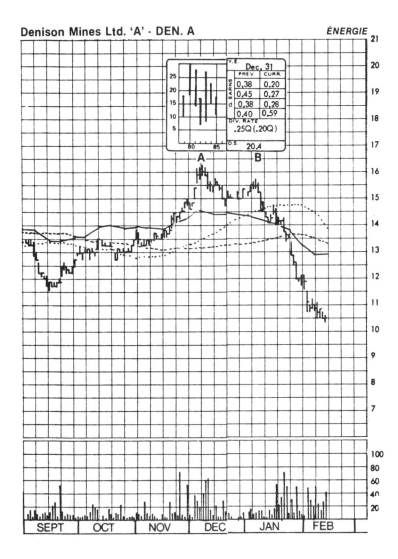

Voici des exemples d'images en « W », qui indiquent un changement de tendance vers la hausse. Les deux points du « W » sont indiquées avec les lettres C et D.

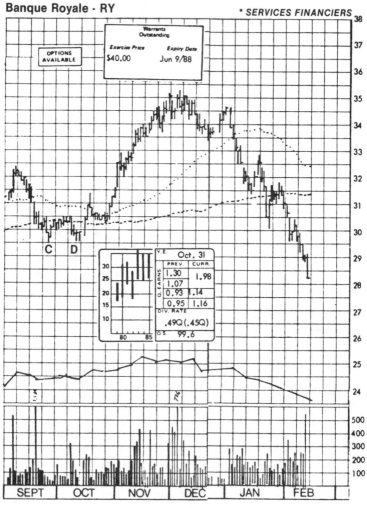

Great Lakes Forest Products Ltd. - GL

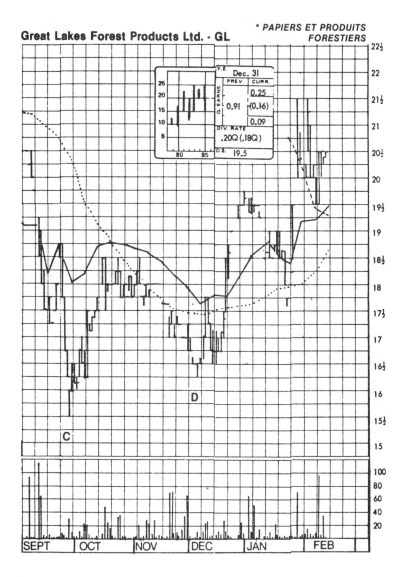

Y.E. Dec. 31

	PREV.	CURR.
EARNS		0.25
	0.91	(0.16)
		0.09

DIV. RATE .20Q (.18Q)

O.S. 19.5

C

D

SEPT OCT NOV DEC JAN FEB

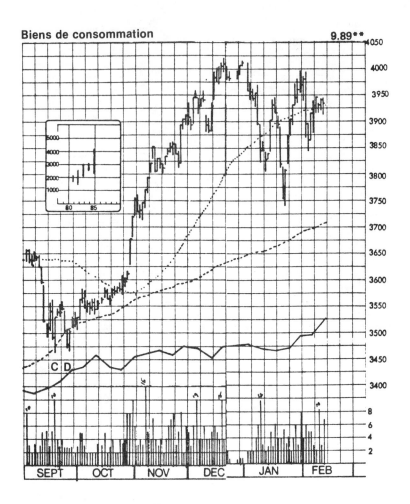

Biens de consommation 9.89**

Services Publics *(15)   **12.48**

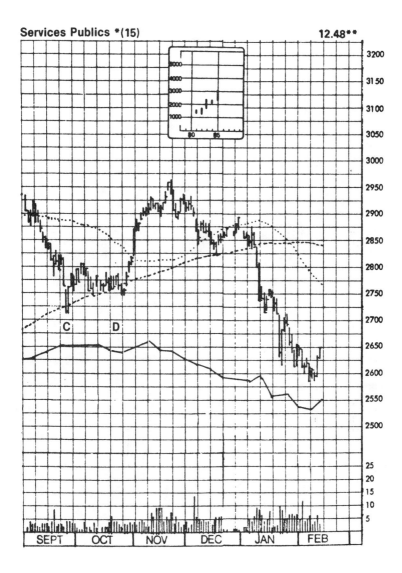

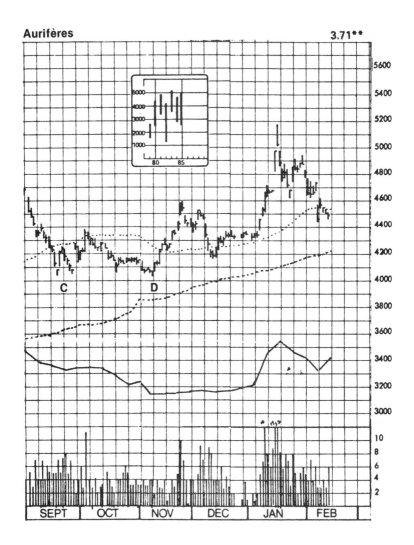

Aurifères   3.71**

Transport

.91**

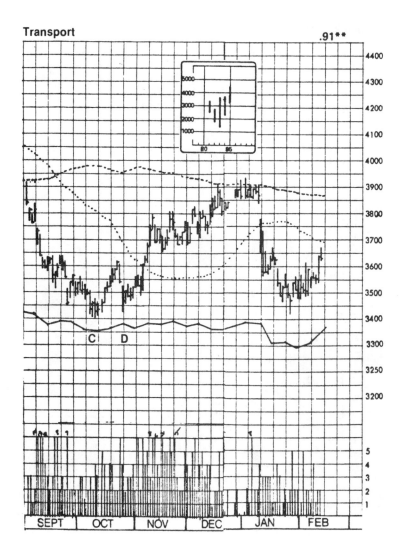

Canada 9 1/2'$ 2001-0BA

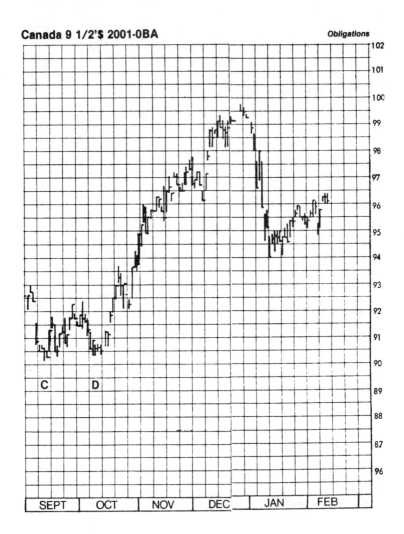

SEPT | OCT | NOV | DEC | JAN | FEB

Dylex Ltd. 'A' Pr. · DLX.A

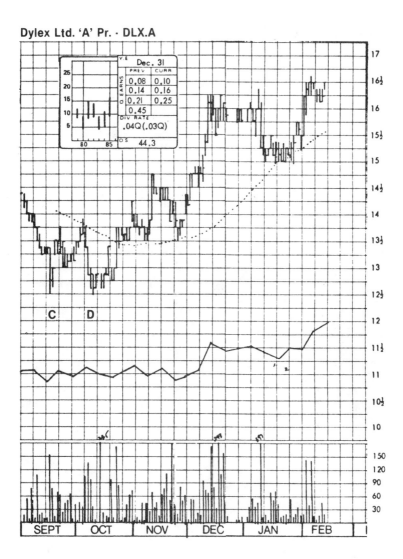

Canadien Pacifique · CP

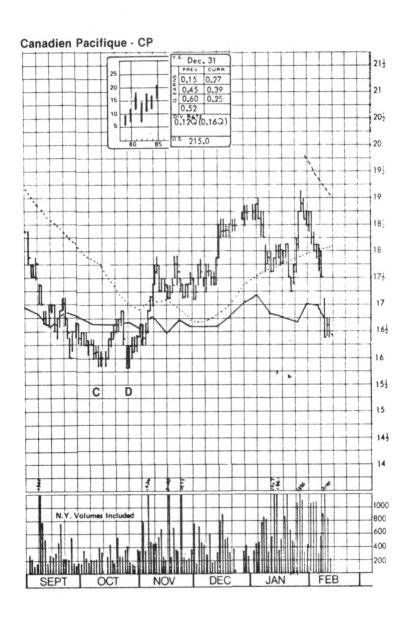

Y.E. Dec. 31

	PREV.	CURR
Q. EARNS	0.15	0.27
	0.45	0.39
	0.60	0.25
	0.52	

DIV. RATE
0.12Q (0.16Q)

O.S. 215.0

N.Y. Volumes Included

SEPT | OCT | NOV | DEC | JAN | FEB

Voici des exemples de « tête et épaules » qui indiquent un changement de tendance vers la hausse. Les trois points (la tête et les épaules) sont indiqués avec les lettres A, B et C. La « tête » porte la lettre B.

Spar Aerospace Ltd. - SPZ *Haute technologie*

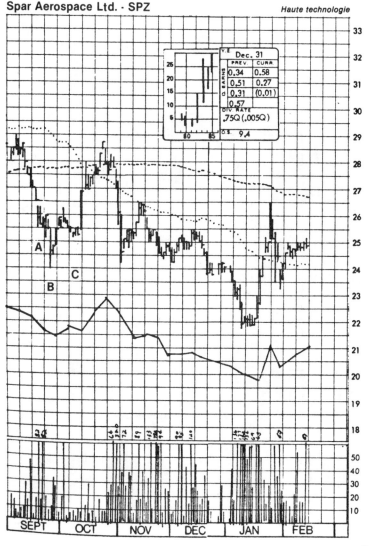

Banque Nationale · NA

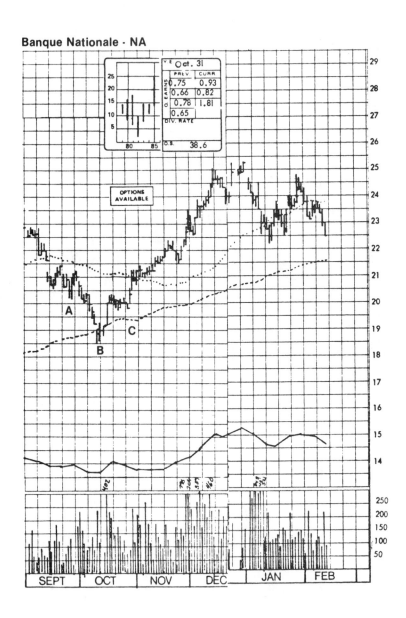

94

Consolidated-Bathurst 'A' - CB.A

Forestière

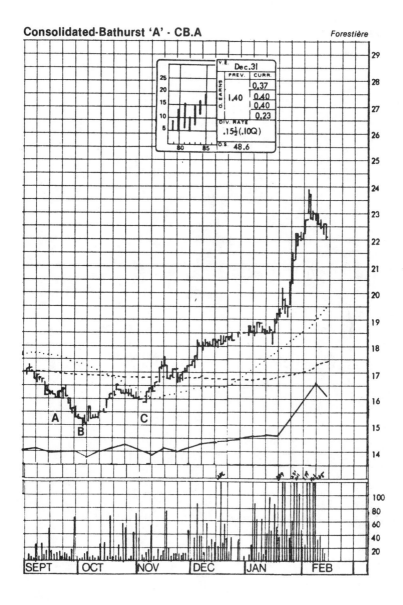

Agnico Eagle Mines · AGE

Aurifère

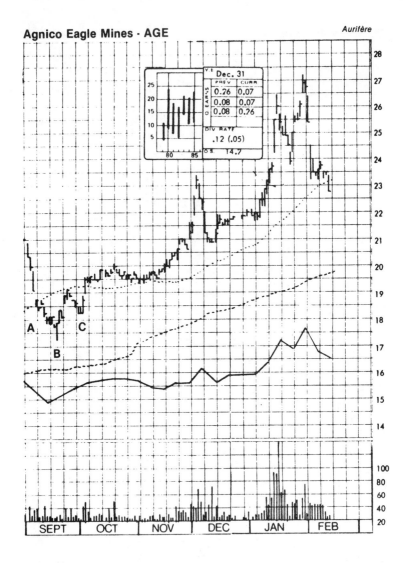

Alcan Aluminium · AL

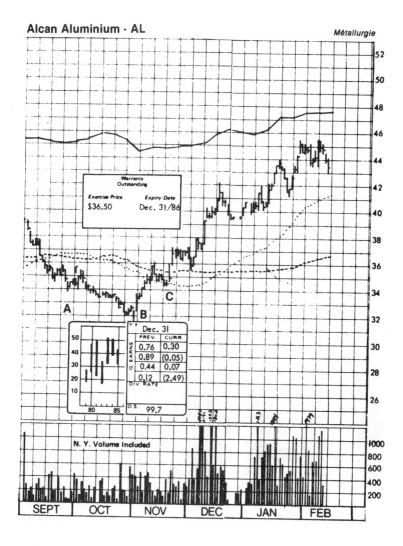

Warrants Outstanding

Exercise Price	Expiry Date
$36.50	Dec. 31/86

Dec. 31

	PREV.	CURR.
Q EARNS	0.76	0.30
	0.89	(0.05)
	0.44	0.07
	0.12	(2.49)
DIV RATE		
O.S.	99.7	

N. Y. Volume Included

SEPT | OCT | NOV | DEC | JAN | FEB

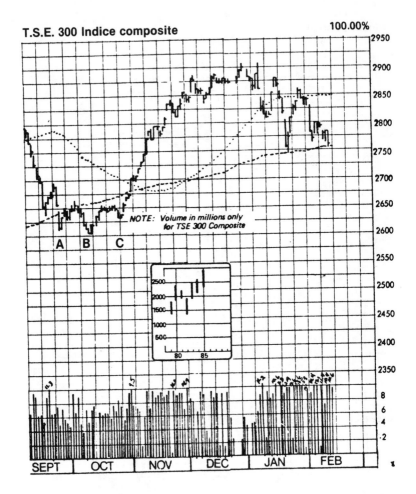

T.S.E. 300 Indice composite

NOTE: Volume in millions only for TSE 300 Composite

Moore Corp. Ltd. - MCL

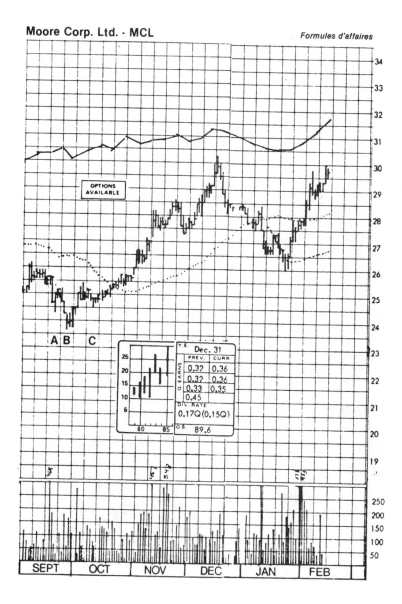

OPTIONS
AVAILABLE

A B C

Y.E.	Dec. 31	
	PREV.	CURR
Q EARNS	0.32	0.36
	0.32	0.36
	0.33	0.35
	0.45	
DIV. RATE	0.17Q(0.15Q)	
O.S.	89.6	

SEPT | OCT | NOV | DEC | JAN | FEB

99

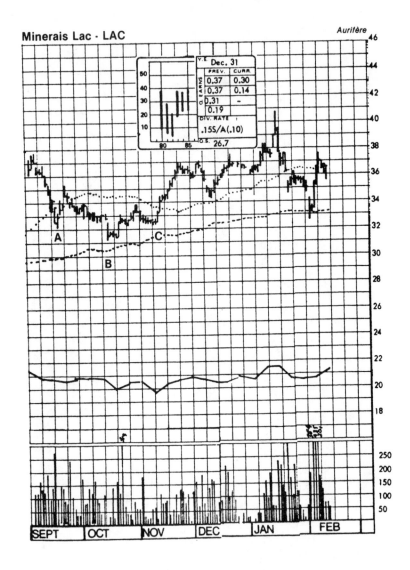

Imasco Ltd. · IMS

Tabac

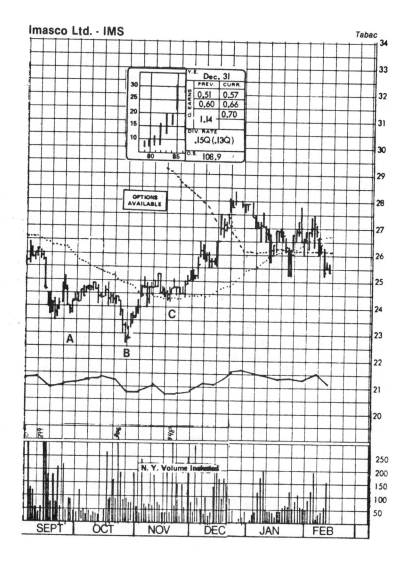

Y.E.	Dec. 31	
	PREV.	CURR.
Q. EARNS.	0.51	0.57
	0.60	0.66
	1.14	0.70

DIV. RATE .15Q (.13Q)

O.S. 108.9

OPTIONS AVAILABLE

A

B

C

N. Y. Volume Included

SEPT | OCT | NOV | DEC | JAN | FEB

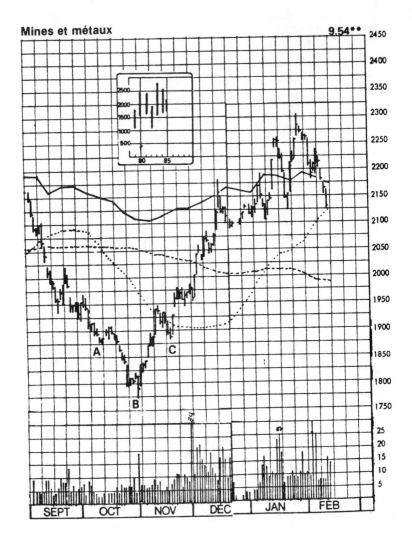

Mines et métaux 9.54**

Voici des exemples d'image en forme de « tête et épaules » indiquant un changement de tendance vers le bas. Les trois points (la tête et les deux épaules) sont indiquées avec les lettres D, E et F. La lettre E indique la « tête ».

Dickenson Mines Ltd. 'A' - DML.A

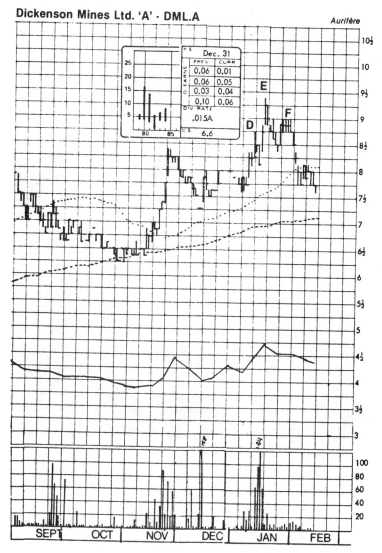

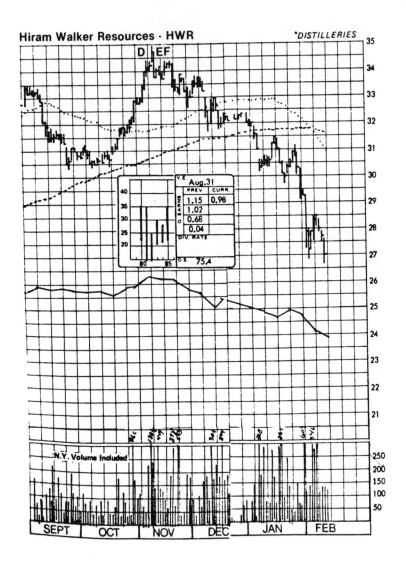

Poco Petroleum · POC

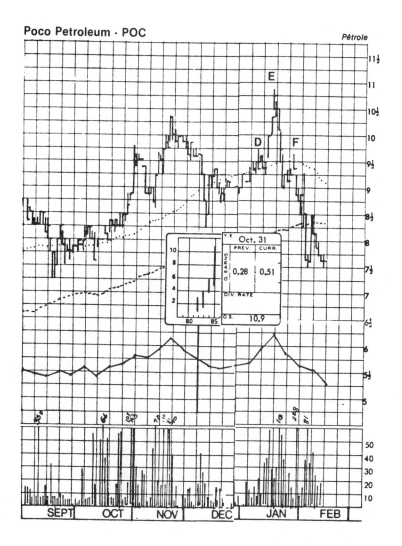

Banque de Montréal - BMO

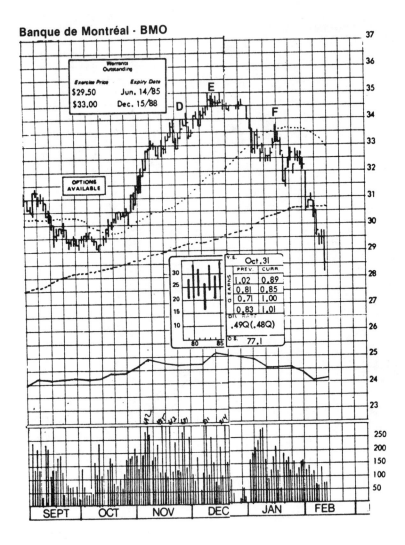

Warrents Outstanding

Exercise Price	Expiry Date
$29.50	Jun. 14/85
$33.00	Dec. 15/88

OPTIONS AVAILABLE

Y.E. Oct.31

	PREV.	CURR.
EARNS	1.02	0.89
	0.81	0.85
	0.71	1.00
	0.83	1.01

DIV. RATE .49Q (.48Q)

O.S. 77.1

SEPT OCT NOV DEC JAN FEB

Consumers Gas · CGT

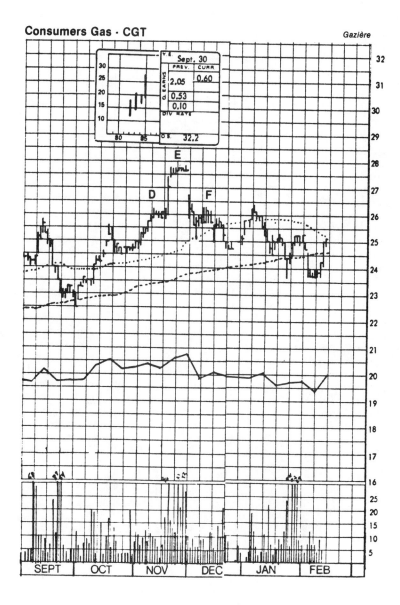

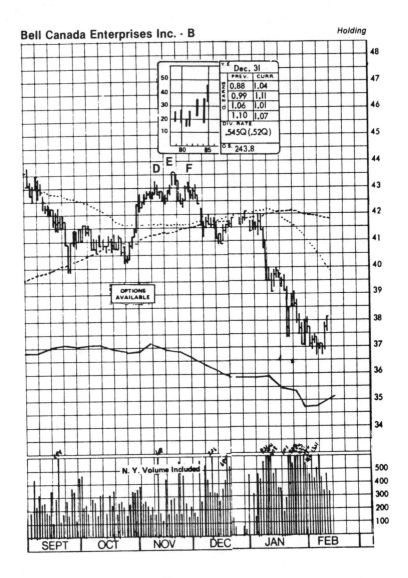

Banque de Nouvelle-Écosse

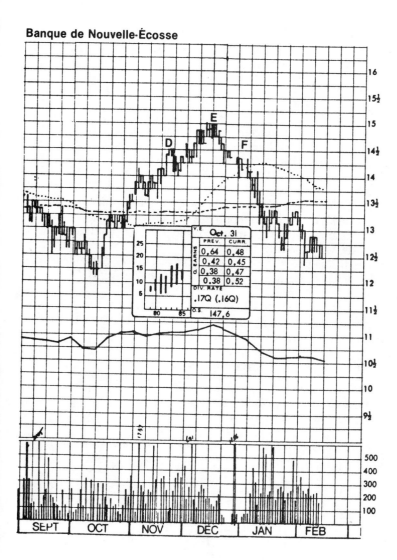

109

Triangles

Le marché boursier en général, comme celui d'un titre en particulier, est fait de deux grandes phases :

1) la phase de tendance ;
2) la phase de congestion.

La phase de tendance est celle qui correspond à une variation significative du prix ; la phase de congestion est celle dans laquelle le prix se trouve dans une sorte de table de ping pong : il varie entre un bas et un haut sans avoir une nouvelle direction.

Environ 3/4 du temps le marché boursier est fait de phases de congestion. Le restant est représenté par la phase de tendance. Les phases de congestion vues jusqu'à présent sont les configurations à forme de M, de W, de « tête et épaules » à la baisse comme à la hausse. Il s'agit d'images qui indiquent une inversion de la tendance des prix : d'une baisse vers une hausse et vice-versa.

Les étapes intermédiaires, celles qui indiquent des phases de congestion intermédiaire entre les sommets et les creux du marché, prennent souvent la forme de triangles.

Il y en a de trois sortes principales :

1) le triangle isocèle ;
2) le triangle rectangle à la hausse ;
3) le triangle rectangle à la baisse.

Le triangle isocèle est celui qui correspond au schéma suivant :

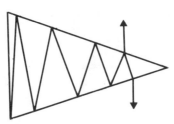

Chaque haut subséquent est plus bas que le haut qui le précède et chaque bas subséquent est plus haut que le bas qui le précède.

Par définition, un triangle isocèle n'indique pas la direction du marché quand le prix sortira de cette image.

Voici un exemple :

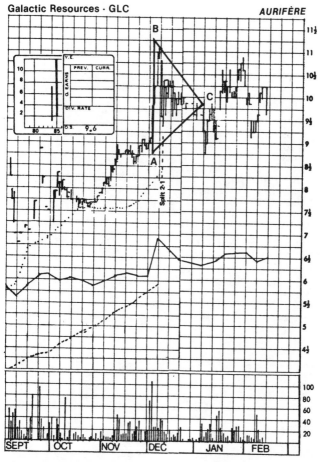

Le triangle rectangle à la hausse comporte un côté horizontal vers le haut. Ceci implique que chaque bas subséquent est plus haut que le précédent mais chaque haut subséquent est égal au précédent. Ce genre de triangle, qui normalement « casse » à la hausse correspond au schéma suivant :

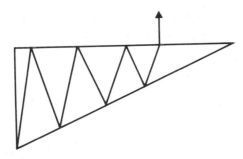

Voici un exemple :

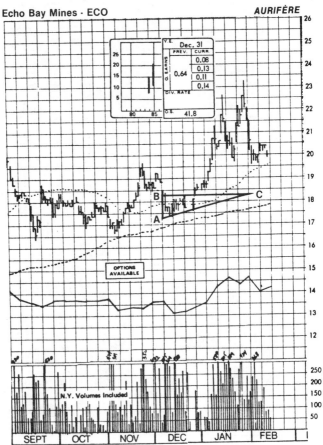

Le triangle rectangle à la baisse c'est celui qui s'identifie avec un côté horizontal orienté vers le bas.

Chaque haut subséquent est plus bas que le haut précédent et chaque bas subséquent se trouve à la même hauteur du bas précédent, jusqu'à ce que le prix « casse » normalement à la baisse cette ligne horizontale du triangle.

Voici un schéma :

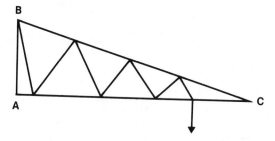

Voici un exemple :

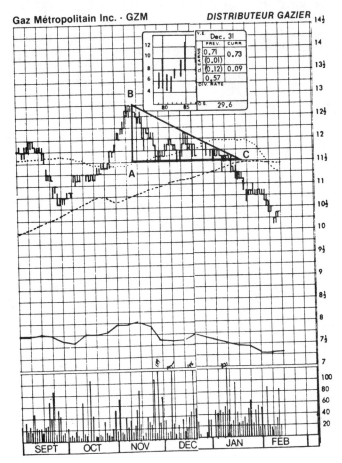

Chapitre 3

Les moyennes mobiles

Le but d'une moyenne mobile est de suivre la tendance générale du marché boursier, d'un secteur ou d'un titre en particulier. Il y a trois sortes de moyennes mobiles :
a) la moyenne mobile ordinaire,
b) la moyenne mobile pondérée d'une façon arithmétique,
c) la moyenne mobile exponentielle.

L'utilisation des trois est la même. Voici les règles :
1) le signal d'achat est donné quand pour la première fois le prix du titre est plus haut que la moyenne mobile ;
2) le signal de vente est donné quand pour la première fois le prix du titre est plus bas que la moyenne mobile.

Moyennes mobiles ordinaires

Voici un exemple de moyenne mobile ordinaire, avec une série de cotes de fermeture de AAA, une compagnie fictive.

DATE	FERMETURE $	FERMETURE en décimales $	MOYENNE 3 jours $	SIGNAL	PROFIT (PERTE) $
22/7	43-3/4	43,7			
23	42-1/2	42,5			
24	42-0	42,0			
25	42-3/4	42,7	42,7		
26	43-1/8	42,1	42,4		
29	42-7/8	42,9	42,3	H	
30	42-3/4	42,7	42,6		
31	42-5/8	42,6	42,6		
1/8	43-1/8	43,1	42,7		
2	43-1/4	43,2	42,8		
5	42-5/8	42,6	43,0	B	0,70
6	42-1/2	42,5	43,0		
7	42-3/8	42,4	42,8		
8	42-3/4	42,7	42,5	H	0,50
9	42-3/4	42,7	42,5		
12	42-4/8	42,6	42,6		
13	42-3/8	42,4	42,7	B	0,20

14	42-1/2	42,5	42,6		
15	42-1/4	42,2	42,5		
16	42-1/8	42,1	42,4		
19	42-3/8	42,4	42,3	H	0,40
20	42,0	42,0	42,2	B	(0,10)
21	41-7/8	41,9	42,2		
22	41-1/2	41,5	42,1		
23	41-3/4	41,7	41,8		
26	42-1/8	41,1	41,7		
27	42-1/8	42,1	41,4	H	0,80
28	42-7/8	42,9	41,6		
29	43-0	43,0	42,0		
30	43-7/8	43,9	42,7		
3/9	43-3/8	43,4	43,3		
4	42-7/8	42,9	43,4	B	2,00
5	43-1/8	43,1	43,4		
6	43-3/8	43,4	43,1	H	0,30
9	42-7/8	42,9	43,1	B	0
10	42-7/8	42,9	43,1		
11	42-1/4	42,2	42,8		
12	42-1/4	42,2	42,4		
13	42-1/8	42,1	42,2		
16	42-0	42-0	42,1		
17	41-5/8	41,6	41,9		
18	41-7/8	41,9	41,9		
19			41,8		1,3 (inachevé)

Profit total : $ 6,10

Voici quelques explications :
1) la première colonne indique la date du prix des fermetures ;
2) la deuxième colonne indique le prix de fermeture ;
3) la troisième colonne indique toujours les prix de fermeture, mais cette fois les fractions sont exprimées en décimales. Les équivalences sont les suivantes :

$$1/8 = 0,1$$
$$1/4 = 0,2$$
$$3/8 = 0,4$$
$$1/2 = 0,5$$
$$5/8 = 0,6$$
$$6/8 = 0,7$$
$$7/8 = 0,9$$

4) La quatrième colonne est une moyenne mobile à trois jours. Pour réaliser la moyenne du 25 juillet, il faut additionner les trois premières fermetures et les diviser par trois. Le résultat est

placé dans la rangée du quatrième jour. La comparaison entre le prix de fermeture du 25/7 et la moyenne de $ 42,7 indique que les deux valeurs sont identiques : il n'y a aucune conclusion à en tirer.

La moyenne mobile suivante, celle du 26 juillet, est obtenue en additionnant les fermetures du 23, 24, 25 juillet pour ensuite diviser la somme par trois. Le résultat, $ 42,4, est placé à la hauteur du 26 juillet. La comparaison entre la fermeture de $ 42,1 et la nouvelle moyenne mobile nous indique que la tendance est à la baisse, mais qu'il n'y a pas de signal de vente parce que la condition de ce signal implique que ça soit « pour la première fois ». Dans notre cas, c'est bien la première fois que l'on constate que le prix de fermeture est plus bas que le prix donné par la moyenne mobile. Mais ce n'est pas nécessairement la première fois dans le cycle à la baisse du marché actuel.

La moyenne mobile de 3 jours pour le 29 juillet est obtenue en additionnant les trois prix de fermeture des 24, 25 et 26 juillet, pour ensuite diviser la somme par trois. Le résultat est $ 42,3 : ce prix moyen est, pour la première fois, inférieur au prix de fermeture correspondant ; il s'agit donc du premier véritable signal. L'investisseur doit à l'ouverture du marché du jour suivant, le 30 juillet, placer une commande d'achat à $ 42-1/4, l'équivalent de $ 42,3. Il faut en effet se rappeler que les prix calculés à la quatrième colonne sont en décimales et il faut les convertir de telle sorte que la partie à la droite de la virgule redevienne une fraction exprimée en huitièmes, quarts ou demis. Voici la table de conversion :

$$0,1 = 1/8$$
$$0,2 = 1/4$$
$$0,3 = 1/4$$
$$0,4 = 3/8$$
$$0,5 = 1/2$$
$$0,6 = 5/8$$
$$0,7 = 3/4$$
$$0,8 = 3/4$$
$$0,9 = 7/8$$

5) la cinquième colonne indique les moments tournants du marché : H = à la hausse ; B = à la baisse. C'est au lendemain du jour du signal, à l'ouverture, que l'investisseur place son ordre d'achat ou de vente au prix correspondant à celui de la moyenne mobile qui a donné le signal.

Si ce prix d'achat ou de vente est devenu improbable parce qu'à l'ouverture la cote du titre est déjà fortement différente, l'investisseur n'a que le choix d'acheter ou de vendre au marché.

L'investisseur peut obéir systématiquement aux signaux. Dans ce cas il achète au premier signal donné (par exemple : 100 actions de AAA) et il vend le double (200 actions), de ce qu'il avait acheté, au signal de vente suivant. De cette façon, il sort de sa position acheteur et il commence une position vendeur avec la vente à découvert de 100 actions de AAA. Au signal suivant d'achat, il achète 200 actions de AAA. Les premiers 100 ferment la position à découvert ; les autres 100 représentent une nouvelle position, cette fois à la hausse. Et ainsi de suite.

Une autre façon de procéder de la part de l'investisseur consiste à n'obéir qu'aux signaux d'achat pour établir de nouvelles positions. Les signaux de vente lui indiquent seulement quand sortir du marché. Dans ce cas, l'investisseur profite de toute hausse du marché et il néglige volontairement les profits potentiels à la baisse parce que il ne veut pas faire face aux exigences de marge des ventes à découvert ou encore il ne connaît pas l'univers des options d'achat et de vente.

6) La sixième colonne indique les profits et les pertes réalisées si l'investisseur avait pu acheter et vendre à chaque signal de la cinquième colonne au prix de la moyenne mobile. C'est ainsi que le premier profit réalisé, indiqué à la hauteur du 5 août, est obtenu en soustrayant le prix de la moyenne mobile du 29 juillet ($ 42,3) à celui du 5 août ($ 43,0). Le profit résultant est de $ 0,70.
Le profit suivant, celui du 8 août, a été réalisé en soustrayant le prix de la moyenne mobile du 8 août ($ 42,5) à celui du 5 août ($ 43,0). Le résultat est $ 0,50. Cette fois on a soustrait le prix le plus récent du plus éloigné, contrairement à ce qu'on a fait dans le calcul du profit précédent, parce que il s'agit d'un marché à la baisse.

La colonne des profits paraît très encourageante pour l'investisseur : en effet il n'y a presque pas eu de pertes dans l'exemple donné. Ce n'est pas un hasard. Ce système ne crée que très peu de pertes en théorie. Dans la pratique, il faut absolument tenir compte du coût des commissions et surtout du fait qu'il est souvent impossible d'acheter ou de vendre exactement aux prix des moyennes mobiles. Ces deux facteurs ne ternissent pas l'excellence du système en soi mais doivent rendre l'investisseur prudent par rapport aux illusions de profit réel qu'il pourrait faire en appliquant le système.

Dans l'exemple donné, on a eu dix signaux de changement de tendance. L'investisseur pourrait se demander pourquoi ne pas réduire le nombre de signaux et avoir seulement ceux qui sont les plus significatifs, c'est-à-dire ceux qui offrent le plus grand potentiel de profit ? De cette façon, on réduirait l'incidence des commissions et le risque de divergence entre les prix réels d'entrée et de sortie du marché et ceux des moyennes mobiles.

Voici les cotes de l'exemple précédent mais cette fois la moyenne mobile est faite en utilisant cinq jours de fermetures et non trois :

DATE	FERMETURE $	FERMETURE en décimales $	MOYENNE 5 jours $	SIGNAL	PROFIT (PERTE) $
22/7	43-3/4	43,7			
23	42-1/2	42,5			
24	42-0	42,0			
25	42-3/4	42,7			
26	43-1/8	42,1			
29	42-7/8	42,9	42,6		
30	42-3/4	42,7	42,4		
31	42-5/8	42,6	42,5		
1/8	43-1/8	43,1	42,6		
2	43-1/4	43,2	42,7		
5	42-5/8	42,6	42,9	B	
6	42-1/2	42,5	42,8		
7	42-3/8	42,4	42,8		
8	42-3/4	42,7	42,8		
9	42-3/4	42,7	42,7		
12	42-5/8	42,6	42,6		
13	42-3/8	42,4	42,6		
14	42-1/2	42,5	42,6		
15	42-1/4	42,2	42,6		
16	42-1/8	42,1	42,5		
19	42-3/8	42,4	42,4		
20	42-0	42,0	42,3		
21	41-7/8	41,9	42,2		
22	41-1/2	41,5	42,1		
23	41-3/4	41,7	42,0		

DATE	FERMETURE $	FERMETURE en décimales $	MOYENNE 5 jours $	SIGNAL	PROFIT (PERTE) $
26	42-1/8	41,1	41,9		
27	42-1/8	42,1	41,6	H	1,30
28	42-7/8	42,9	41,7		
29	43-0	43,0	41,9		
30	43-7/8	43,9	42,2		
3/9	43-3/8	43,4	42,6		
4	42-7/8	42,9	43,1	B	1,50
5	43-1/8	43,1	43,2		
6	43-3/8	43,4	43,3	H	(0,20)
9	42-7/8	42,9	43,3	B	0
10	42-7/8	42,9	43,1		
11	42-1/4	42,2	42,9		
12	42-1/4	42,2	42,8		
13	42-1/8	42,1	42,6		
16	42-0	42,0	42,3		
17	41-5/8	41,6	42,0		
18	41-7/8	41,9	42,0		
19			42,0		1,3 (inachevé)

Profit total : $ 3,90

En alourdissant la moyenne mobile de 3 à 5 jours, le nombre de signaux est tombé de 10 à 5. Le profit théorique aussi a diminué à $ 3,90 par rapport à $ 6,20 de l'exemple précédent. L'avantage de la moyenne à 5 jours par rapport à celle à 3 jours réside dans le fait que les profits possibles pour chaque mouvement du marché sont potentiellement plus consistants et les commissions sont moins nombreuses.

Reprenons la même série de cotes pour faire une moyenne mobile à 10 jours.

DATE	FERMETURE $	FERMETURE en décimales $	MOYENNE 10 jours $	SIGNAL	PROFIT (PERTE) $
22/7	43-3/4	43,7			
23	42-1/2	42,5			
24	42-0	42,0			
25	42-3/4	42,7			
26	43-1/8	42,1			
29	42-7/8	42,9			
30	42-3/4	42,7			
31	42-5/8	42,6			
1/8	43-1/8	43,1			

2	43-1/4	43,2		
5	42-5/8	42,6	42,7	
6	42-1/2	42,5	42,6	
7	42-3/8	42,4	42,6	
8	42-3/4	42,7	42,6	H
9	42-3/4	42,7	42,7	
12	42-5/8	42,6	42,7	B 0,10
13	42-3/8	42,4	42,7	
14	42-1/2	42,5	42,7	
15	42-1/4	42,2	42,7	
16	42-1/8	42,1	42,7	
19	42-3/8	42,4	42,6	
20	42-0	42,0	42,5	
21	41-7/8	41,9	42,4	
22	41-1/2	41,5	42,4	
23	41-3/4	41,7	42,3	
26	42-1/8	41,1	42,2	
27	42-1/8	42,1	42,1	
28	42-7/8	42,9	42,0	H 0,70
29	43-0	43,0	41,9	
30	43-7/8	43,9	42,0	
3/9	43-3/8	43,4	42,1	
4	42-7/8	42,9	42,2	
5	43-1/8	43,1	42,3	
6	43-3/8	43,4	42,4	
9	42-7/8	42,9	42,6	
10	42-7/8	42,9	42,7	
11	42-1/4	42,2	42,9	B 0,90
12	42-1/4	42,2	43,0	
13	42-1/8	42,1	43,0	
16	42-0	42,0	42,9	
17	41-5/8	41,6	42,8	
18	41-7/8	41,9	42,6	
19			42,4	0,50
				(inachevé)

Profit total : $ 2,20

On constate dans cet exemple que le profit total est le plus bas des trois et que le profit de chaque mouvement du marché, c'est-à-dire la différence entre deux signaux, est modeste.

Ce troisième exemple révèle que la moyenne mobile est trop lente par rapport aux mouvements des prix. Les signaux d'achat et de vente arrivent en retard, une fois que la nouvelle tendance a déjà fait une bonne partie de son chemin.

Une moyenne mobile lourde donne donc moins de signaux et chacun est considérablement en retard sur le véritable point tournant du marché. Le problème auquel tout investisseur employant des moyennes mobiles fait face est donc celui de trouver la moyenne mobile qui s'adapte le mieux au véhicule d'investissement choisi. C'est-à-dire qu'il doit trouver la moyenne mobile qui donne le moins de signaux et dont chacun est le plus rentable.

Personnellement j'ai trouvé excellente dans l'ensemble des cas étudiés depuis plus de dix ans, la moyenne mobile à 30 jours pour déceler les variations significatives de la tendance des prix des actions à moyen terme. Pour l'investisseur qui cherche des occasions plus fréquentes et qui se sert des options, une moyenne à six jours est dans l'ensemble très utile.

Très répandues depuis des décennies sont les moyennes mobiles à 50 jours et 200 jours. Leur utilité réside surtout dans le fait qu'elles indiquent la tendance de fond de la direction du marché, plutôt que le point tournant des prix. En effet, leur lenteur à donner le signal d'inversion rend leur utilisation peu efficace.

Un aspect important des moyennes mobiles est la forme de la courbe de la moyenne mobile quand elle donne un signal d'achat ou de vente. Pour voir la forme de la courbe faite par l'évolution de la moyenne mobile il faut placer sur le même graphique à bâtonnets la série de prix donnés par le calcul des moyennes mobiles. Le signal d'achat est plus sûr quand le prix traverse en montant la moyenne mobile et en plus cette dernière a une tendance horizontale ou légèrement orientée vers le haut. Si la moyenne mobile est orientée vers le bas, le signal d'achat est moins sûr.

Un bon signal d'achat

124

Le même critère s'applique quand la moyenne mobile donne un signal de vente. Le prix traverse en descendant la moyenne mobile et la tendance de cette dernière doit être horizontale ou orientée légèrement vers le bas afin que le signal donné soit le plus efficace. Autrement, si la moyenne mobile est encore orientée vers le haut au moment du signal de vente, ce dernier risque de se traduire plus facilement dans un faux signal. Après un court trajet vers le bas, le prix pourrait facilement rebondir et retourner au-dessus de la moyenne mobile.

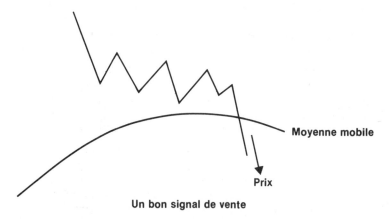

Un bon signal de vente

Moyennes mobiles pondérées arithmétiques

Une deuxième version de moyennes mobiles est celle dite pondérée d'une façon arithmétique. Pondérer signifie donner une importance différente à chaque cote qui entre dans le calcul des moyennes mobiles. La raison sousjacente à la pondération des données vient du fait que la cote de fermeture d'hier est plus susceptible d'influencer le prix de fermeture d'aujourd'hui que celle d'y il a deux jours. Celle d'y il a deux jours est plus déterminante que celle d'il y a trois jours mais moins que celle d'hier. Et ainsi de suite.

C'est comme dans la vie de tous les jours. Ce que j'ai fait hier influence mon comportement d'aujourd'hui plus que ce que j'ai fait il y a une semaine. Ce n'est pas toujours vrai, mais généralement c'est le cas. La mémoire humaine oublie rapidement les faits précédents au fur et à mesure que le temps passe. Pour pondérer une moyenne mobile d'une façon arithmétique on multiplie chaque cote de fermeture par un facteur décroissant au fur et à mesure que les cotes retenues s'éloignent dans le passé.

Voici un exemple de moyenne mobile pondérée à trois jours. Pour la calculer, on multiplie la donnée la plus proche par trois, l'intermédiaire par deux et la plus éloignée par un, pour ensuite additionner les trois nombres ainsi obtenus et diviser la somme par six. Le résultat donne la moyenne mobile pondérée à trois jours, dans laquelle la cote d'hier a trois fois plus d'importance que la dernière et deux fois plus que l'avant-dernière.

DATE	FERMETURE $	FERMETURE en décimales $	MOYENNE 3 jours $	SIGNAL	PROFIT (PERTE) $
22/7	43-3/4	43,7			
23	42-1/2	42,5			
24	42-0	42,0			
25	42-3/4	42,7	42,4		
26	43-1/8	42,1	42,4	B	
29	42-7/8	42,9	42,3	H	0,10
30	42-3/4	42,7	42,6		
31	42-5/8	42,6	42,7	B	0,40
1/8	43-1/8	43,1	42,7	H	0,00
2	43-1/4	43,2	42,9		
5	42-5/8	42,6	43,1	B	0,40
6	42-1/2	42,5	42,9		
7	42-3/8	42,4	42,6		
8	42-3/4	42,7	42,5	H	0,60
9	42-3/4	42,7	42,6		
12	42-5/8	42,6	42,6		
13	42-3/8	42,4	42,6	B	0,10
14	42-1/2	42,5	42,5		
15	42-1/4	42,2	42,5		
16	42-1/8	42,1	42,3		
19	42-3/8	42,4	42,2	H	0,40
20	42-0	42,0	42,3	B	(0,10)
21	41-7/8	41,9	42,1		
22	41-1/2	41,5	42,0		
23	41-3/4	41,7	41,7		
26	42-1/8	41,1	41,7		
27	42-1/8	42,1	41,4	H	0,90
28	42-7/8	42,9	41,7		
29	43-0	43,0	42,3		
30	43-7/8	43,9	42,8		
3/9	43-3/8	43,4	43,4		
4	42-7/8	42,9	43,5	B	2,10

5	43-1/8	43,1	43,2		
6	43-3/8	43,4	43,1	H	0,40
9	42-7/8	42,9	43,2	B	0,10
10	42-7/8	42,9	43,1		
11	42-1/4	42,2	42,6		
12	42-1/4	42,2	42,3		
13	42-1/8	42,1	42,1		
16	42,0	42,0	42,1		
17	41-5/8	41,6	41,8		
18	41-7/8	41,9	41,8	H	1,40
19			41,8		

Profit total : $ 6,80

On constate dans cet exemple que le profit global est plus élevé que celui obtenu avec la moyenne mobile ordinaire à trois jours. C'est un profit théorique naturellement, parce que on ne tient pas compte du coût des commissions et du fait que les prix réels d'entrée et de sortie du marché ne peuvent pas toujours coïncider avec ceux des moyennes mobiles.

Cette méthode est sûrement meilleure que celle de la moyenne mobile ordinaire. Toutefois, si on veut pousser plus loin le raisonnement selon lequel la dernière cote compte plus que la plus éloignée dans la détermination de la cote actuelle, l'investisseur doit appliquer le principe de la décroissance logarithmique. Cette décroissance est plus rapide que celle arithmétique. Elle correspond donc plus logiquement à la réelle décroissance de l'influence du prix précédent sur l'actuel, au fur et à mesure qu'on s'éloigne dans le temps. La mémoire humaine a elle aussi une décroissance logarithmique de ses souvenirs.

Moyennes mobiles exponentielles

Le calcul d'une moyenne mobile exponentielle est à première vue plus complexe que celui de la moyenne mobile ordinaire ou arithmétique, mais il se révèle d'une grande simplicité et maniabilité.

Voici la formule : pour trouver la moyenne mobile exponentielle pour demain, par exemple à cinq jours, il faut multiplier la fermeture d'aujourd'hui par un facteur A et la moyenne mobile qui avait été calculée hier pour aujourd'hui par un facteur B.

Trois questions surgissent :
1) quelle est la définition de A ;
2) quelle est la définition de B ;
3) quelle est la première moyenne avec laquelle débuter la série ?

Voici les réponses :
1) le facteur A est calculé avec la formule suivante :

$$A = \frac{2}{N + 1}$$

dans laquelle la lettre N indique le nombre de jours de la moyenne voulue. Ainsi, si notre exemple est fait avec une moyenne mobile exponentielle à cinq jours, N sera égal à cinq et notre facteur A deviendra :

$$A = \frac{2}{5 + 1} = \frac{2}{6} = 0,3333$$

2) le facteur B est toujours égal à la différence entre un et le facteur A. Ainsi, dans notre exemple de moyenne mobile exponentielle à cinq jours, on aura :

$$B = 1 - A = 1 - 0,3333 = 0,6667$$

3) La moyenne mobile de départ sera tout simplement un nombre égal à la première cote de fermeture de la série.

Ceci implique que le calcul des moyennes mobiles donnera la première moyenne mobile valable un jour après le nombre de jours représenté par N. Dans notre cas, c'est au sixième jour que la moyenne mobile devient crédible.

Voici la série de cotes habituelles avec le calcul d'une moyenne mobile exponentielle à cinq jours :

DATE	FERMETURE $	FERMETURE en décimales $	MOYENNE 5 jours $	SIGNAL	PROFIT (PERTE) $
22/7	43-3/4	43,7	43,7		
23	42-1/2	42,5	43,7		
24	42-0	42,0	43,3		
25	42-3/4	42,7	42,9		
26	43-1/8	42,1	42,8		
29	42-7/8	42,9	42,6	H	
30	42-3/4	42,7	42,7		
31	42-5/8	42,6	42,7	B	0,10
1/8	43-1/8	43,1	42,7	H	0,00
2	43-1/4	43,2	42,8		
5	42-5/8	42,6	42,9	B	0,20
6	42-1/2	42,5	42,8		
7	42-3/8	42,4	42,7		
8	42-3/4	42,7	42,6	H	0,30
9	42-3/4	42,7	42,6		
12	42-5/8	42,8	42,7		
13	42-3/8	42,4	42,6	B	0,00
14	42-1/2	42,5	42,6		
15	42-1/4	42,2	42,5		
16	42-1/8	42,1	42,4		
19	42-3/8	42,4	42,3	H	0,30
20	42-0	42,0	42,3	B	0,00
21	41-7/8	41,9	42,2		
22	41-1/2	41,5	42,1		
23	41-3/4	41,7	41,9		
26	42-1/8	41,1	41,8		
27	42-1/8	42,1	41,8	H	0,50
28	42-7/8	42,9	42,1		
29	43-0	43,0	42,4		
30	43-7/8	43,9	42,9		
3/9	43-3/8	43,4	43,1		
4	42-7/8	42,9	43,0	B	1,20
5	43-1/8	43,1	43,0	H	0,00
6	43-3/8	43,4	43,2		
9	42-7/8	42,9	43,1	B	0,10
10	42-7/8	42,9	42,8	H	0,30
11	42-1/4	42,2	42,6	B	(0,20)
12	42-1/4	42,2	42,4		
13	42-1/8	42,1	42,0	H	0,60
16	42-0	42,0	42,0		
17	41-5/8	41,6	42,0	B	0,00
18	41-7/8	41,9	41,9		
19			41,9		0,10 (inachevé)

Profit total : $ 3,50

Le calcul des moyennes mobiles avec cette méthode est évidemment simple. Songez à une moyenne mobile ordinaire à 30 jours. Dans ce cas, il faut tenir compte de 30 cotes pour calculer la nouvelle moyenne mobile, alors qu'avec la méthode exponentielle il suffit d'avoir seulement la cote du jour et la dernière moyenne mobile pour calculer la nouvelle. À cet avantage pratique, il faut ajouter le fait que la moyenne mobile exponentielle tient compte de la décroissance de l'influence des cotes précédentes au fur et à mesure que le temps passe, alors que ce n'est pas le cas avec la moyenne mobile ordinaire ou pondérée d'une façon arithmétique.

Des méthodes plus complexes d'utilisation des moyennes mobiles utilisent deux moyennes à la fois : par exemple une à 3 jours et une à 30 jours. Dans ce cas les règles données deviennent :
1) un signal d'achat est donné quand la moyenne mobile à trois jours traverse en montant pour la première fois la moyenne mobile à 30 jours.
2) un signal de vente est donné dans le cas inverse du précédent.

La raison de cette méthode réside dans le besoin d'éviter parfois de faux signaux qui seraient donnés par les fluctuations excessives des cotes par rapport aux moyennes mobiles.

Chapitre 4

- *La théorie d'Elliott*
- *Les oscillateurs*
- *Le momentum*
- *Etc...*

La théorie d'Elliott

Au premier quart de ce siècle M. Elliott avait fait une hypothèse fondamentale pour arriver à la formulation de sa théorie du marché boursier. Il avait affirmé avant tout que l'être humain a une origine divine et donc que dans toutes ses manifestations il y a une trace divine. Le problème était : comment trouver le côté divin dans cette activité humaine que l'on appelle bourse.

Monsieur Elliott avait eu une intuition « divine ». Il s'était demandé comment les anciens Grecs, la première civilisation occidentale moderne et en bonne partie démocratique, voyaient le lien entre l'humain et le divin. La réponse avait été simple : la beauté. La beauté est la manifestation de Dieu, le pont qui lie l'être humain à son créateur. Puisque la beauté est le fruit du jeu des proportions, les Grecs avaient trouvé que l'impression de voir ce qui était défini comme beau se retrouvait dans tout ce qui avait des proportions qui s'approchait d'un ratio égal à 1,6. La divine proportion ou « ratio d'or » était le rapport entre une distance et une autre, un plan et un autre, un volume et un autre, de façon telle que le ratio final était 1,6.

Par exemple, si on considère une ligne AB et un point C entre les deux, on définira comme divin, selon les Anciens, le rapport AC divisé par CB quand celui-ci est égal à 1,6. De plus, l'aspect divin est encore plus prononcé quand on a la proportion suivante : AB divisé par AC égal à 1,6.

A —————————————————————————— C ——————— B

Dans le cas d'un être humain, on le définira comme beau dans son aspect physique global, et donc divin selon les critères de l'ancienne Grèce, quand il aura les propositions suivantes :
A = la partie supérieure de la tête ;
B = la plante des pieds ;
C = le nombril.

Si le rapport entre A et B est égal à 1,6 l'individu est proche du divin. Il l'est encore plus si en plus la distance BC divisé par AB donne aussi 1,6.

Mesurez-vous pour voir si vos proportions sont divines. Mais si vous êtes loin de la divine proportion, ne vous en souciez pas trop... c'est le destin de la très grande majorité !

M. Fibonacci ou Léonard de Pise, le plus grand mathématicien du Moyen-Âge, avait écrit en 1202 un gros volume, le **Liber Abbaci** (Le livre de l'abaque), dans lequel il vantait les mérites des chiffres arabes. Ces chiffres sont ceux que nous connaissons aujourd'hui, allant de 1 à 9 plus le zéro. Le zéro fut à l'époque une découverte bouleversante : avec lui on pouvait distinguer la valeur entre 1, 10, 100, 1000, etc.

M. Fibonacci se heurtait à son époque à l'incompréhension de ses contemporains, qui préféraient l'abaque aux chiffres arabes. Ces derniers, en effet, étaient trop compliquées et donc susceptibles d'induire en fâcheuses erreurs les notaires, les commerçants et les fabricants de monnaies de l'époque, habitués à calculer avec le très rudimentaire système alpha-numérique de l'ancien empire romain.

Pour convaincre ses contemporains de l'efficacité des chiffres arabes, M. Fibonacci inventa une série de problèmes, parmi lesquels un est devenu fameux, le problème sur les lapins. Voici la question posée par M. Fibonacci : si dans une enceinte totalement cellée on place un couple de lapins, qui, au bout d'un mois, donne naissance à une autre couple de lapins, qui, à son tour, un mois après, génère un autre couple de lapins, et ainsi de suite, combien de couples de lapins auront nous après 12 mois si chaque couple génère un nouveau couple de lapins chaque mois ? La réponse à ce problème a donné ce qu'on appelle aujourd'hui la série de Fibonacci :

1
1
2
3
5
8
13

21
34
55
89
233

Dans cette série de nombres, la première en mathématique, chaque nombre, sauf les deux premiers, est obtenu en additionnant les deux précédents. Cette série, en soi sans importance à l'époque, fut l'objet d'une « découverte » cinq siècles plus tard, de la part du mathématicien Lucas. Ce dernier avait trouvé qu'en divisant chaque nombre de la série de Fibonacci par son précédent il obtenait un nombre égal ou très proche de 1,6, le ratio divin. D'un coup, la série de Fibonacci devenait celle des nombres divins.

M. Elliott a donc trouvé la réponse à sa question sur le divin à la bourse en appliquant la série de Fibonacci. Parmi les plus connues et les plus suivies des règles d'Elliott, il y a celle qui affirme que dans un marché à la hausse le prix évolue en trois (nombre de Fibonacci) vagues à la hausse, entrecoupées par deux (nombre de Fibonacci) vagues à la baisse. Une fois que la troisième vague est sur le point d'être complétée, l'investisseur doit s'attendre à une correction dans le prix. Cette dernière a la forme de deux vagues à la baisse entrecoupées par une vague à la hausse, comme dans le schéma suivant.

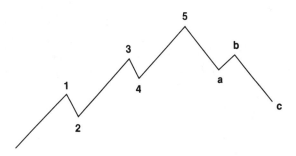

Dans un marché dont la tendance principale est à la baisse, il y aura toujours, selon cette théorie, trois vagues à la baisse entrecoupées par deux vagues à la hausse. Après quoi, on aura une correction de deux vagues à la hausse entrecoupées par une vague à la baisse, comme dans le schéma suivant :

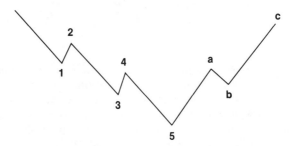

Un cycle complet, principal, est donc fait de 5 étapes dans la direction dominante du marché et de trois étapes dans la correction. Le total donne huit (nombre de Fibonacci).

L'étape suivante, dans la théorie de Elliott, est l'emboîtement d'une série de vagues (1-2-3-4-5-a-b-c) dans une autre. Voici un exemple.

Marché à la hausse

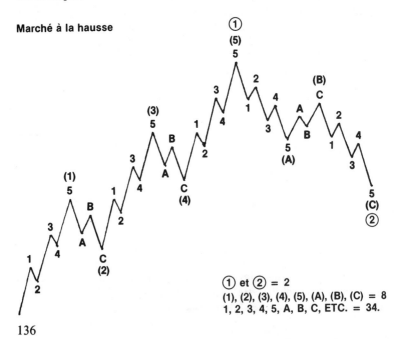

① et ② = 2
(1), (2), (3), (4), (5), (A), (B), (C) = 8
1, 2, 3, 4, 5, A, B, C, ETC. = 34.

Ces emboîtements donnent des cycles dont le nombre total de vagues est un nombre de la série de Fibonacci. Ainsi, la série principale 1-2-3-4-5 se subdivise en 21 (nombre de Fibonacci) mouvements intermédiaires dans la tendance dominante est en 13 (nombre de Fibonacci) mouvements intermédiaires.

Le cycle complet dans les mouvements intermédiaires est donc de 34 mouvements. Chaque mouvement intermédiaire se décompose en mouvements mineurs. Ces derniers sont 89 dans l'ensemble de la tendance principale et 55 dans la correction, pour un total de 144. Tous ces nombres font naturellement partie de la série de Fibonacci.

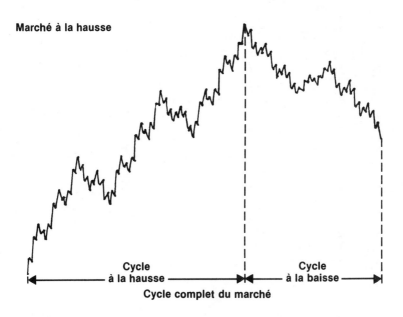

La véritable difficulté de la théorie d'Elliott réside dans le fait que le point de départ des vagues est fondamental et en même temps difficile à trouver. Toutefois, grâce à sa théorie, M. Elliott a anticipé des points tournants du marché avec une étonnante précision.

Le balancier

Une moyenne mobile donne la direction du marché et signale les points tournants. Un investisseur qui suit cette méthode se rend vite compte qu'on « sent » venir les changements juste en lisant la série de cotes. Pour traduire en chiffres cette sensation, il s'agit de faire la différence entre la cote et la moyenne mobile correspondante, comme dans l'exemple suivant, et ensuite faire une moyenne mobile avec la série de données ainsi obtenue :

DATE	FERMETURE $	FERMETURE en décimales $	MOYENNE 3 jours $	SIGNAL	BALANCIER A	B
22/7	43-3/4	43,7				
23	42-1/2	42,5				
24	42-0	42,0				
25	42-3/4	42,7	42,7		0	0
26	43-1/8	42,1	42,4		-0,3	0
29	42-7/8	42,9	42,3	H	0,6	-0,2
30	42-3/4	42,7	42,6		0,1	0,2
31	42-5/8	42,6	42,6		0	0,2
1/8	43-1/8	43,1	42,7		0,4	0,1
2	43-1/4	43,2	42,8		0,4	0,2
5	42-5/8	42,6	43,0	B	-0,4	0,3
6	42-1/2	42,5	43,0		-0,5	0
7	42-3/8	42,4	42,8		-0,6	-0,2
8	42-3/4	42,7	42,5	H	0,2	-0,3
9	42-3/4	42,7	42,5		0,2	-0,1
12	42-5/8	42,6	42,6		0	0,1
13	42-3/8	42,4	42,7	B	-0,3	0
14	42-1/2	42,5	42,6		-0,1	-0,1
15	42-1/4	42,2	42,5		-0,3	-0,1
16	42-1/8	42,1	42,4		-0,3	-0,2
19	42-3/8	42,4	42,3	H	0,1	-0,2
20	42-0	42,0	42,2	B	-0,2	0
21	41-7/8	41,9	42,2		-0,3	-0,1
22	41-1/2	41,5	42,1		-0,6	-0,2
23	41-3/4	41,7	41,8		-0,1	-0,4
26	42-1/8	41,1	41,7		-0,6	-0,3
27	42-1/8	42,1	41,4	H	0,7	-0,4
28	42-7/8	42,9	41,6		1,3	0,1
29	43-0	43,0	42,0		1,0	0,7
30	43-7/8	43,9	42,7		1,2	0,8
3/9	43-3/8	43,4	43,3		1,1	1,0
4	42-7/8	42,9	43,4	B	-0,5	0,6
5	43-1/8	43,1	43,4		-0,3	0,0
6	43-3/8	43,4	43,1	H	0,3	-0,1
9	42-7/8	42,9	43,1	B	-0,2	0,1

10	42-7/8	42,9	43,1	-0,2	-0,1
11	42-1/4	42,2	42,8	-0,6	-0,5
12	42-1/4	42,2	42,4	-0,2	-0,6
13	42-1/8	42,1	42,2	-0,1	-0,5
16	42-0	42,0	42,1	-0,1	-0,3
17	41-5/8	41,6	41,9	-0,3	-0,4
18	41-7/8	41,9		0	-0,2

La colonne A du balancier n'est que la différence, arrondie, entre la colonne des cotes (en décimales) et la moyenne mobile correspondante. Vous constaterez que quand le signal est à la baisse (B) la différence devient négative. La colonne A n'est qu'une étape intermédiaire pour arriver à la colonne B.

La colonne B du balancier est une moyenne mobile faite avec une constante exponentielle égale à 0,5, équivalente à une moyenne mobile de 3 jours. Si on imagine la moyenne mobile sur les cotes comme une ligne horizontale, les moyennes du balancier oscilleront au-dessus et au-dessous de cet axe en donnant un graphique qui ressemble au suivant.

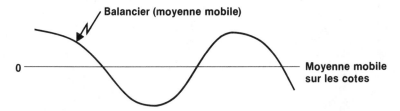

Dans la pratique, l'investisseur se rend vite compte qu'il y a en moyenne une différence maximale entre la cote et la moyenne mobile des cotes. Quand on est près de ce maximum, le prix tend à se rapprocher de la moyenne pour la dépasser dans le sens contraire. C'est comme un élastique qui, tendu à son maximum, reprend sa dimension normale.

Cette différence maximale est propre à chaque titre ou secteur et elle n'est pas toujours constante. C'est à l'investisseur de faire ses recherches. Dans l'exemple donné, j'ai utilisé une moyenne à 3 jours pour le balancier, afin de ne pas donner des exemples inutilement trop longs. L'investisseur devrait toutefois se servir d'une moyenne mobile de 5 à 10 jours, indépendemment de la moyenne mobile utilisée avec les cotes.

La force relative

Ce concept a subi différents développements au cours des années. Une version habituelle est celle qui consiste à soustraire la moyenne mobile calculée pour aujourd'hui de celle, par exemple, calculée il y a trois jours et de faire des moyennes mobiles sur ces différences. Quand cette moyenne mobile devient positive c'est un signal qui confirme et renforce celui donné par la moyenne mobile sur les cotes. Autrement, la non-confirmation signifie que le signal donné par les moyennes mobiles sur les cotes est faible et il faut s'en méfier.

Voici un exemple :

DATE	FERMETURE $	FERMETURE en décimales $	MOYENNE 3 jours $	SIGNAL	FORCE RELATIVE A	B
22/7	43-3/4	43,7				
23	42-1/2	42,5				
24	42-0	42,0				
25	42-3/4	42,7	42,7			
26	43-1/8	42,1	42,4			
29	42-7/8	42,9	42,3	H		
30	42-3/4	42,7	42,6		-0,2	-0,2
31	42-5/8	42,6	42,6		0,2	-0,2
1/8	43-1/8	43,1	42,7		0,5	0
2	43-1/4	43,2	42,8		0,2	0,2
5	42-5/8	42,6	43,0	B	0,4	0,2
6	42-1/2	42,5	43,0		0,2	0,3
7	42-3/8	42,4	42,8		0	0,3
8	42-3/4	42,7	42,5	H	-0,5	0,1
9	42-3/4	42,7	42,5		-0,4	-0,2
12	42-5/8	42,6	42,6		-0,2	-0,3
13	42-3/8	42,4	42,7	B	0,2	-0,2
14	42-1/2	42,5	42,6		0	0
15	42-1/4	42,2	42,5		-0,1	0
16	42-1/8	42,1	42,4		-0,3	-0,1
19	42-3/8	42,4	42,3	H	-0,3	-0,2
20	42-0	42,0	42,2	B	-0,3	-0,2
21	41-7/8	41,9	42,2		-0,2	-0,3
22	41-1/2	41,5	42,1		-0,2	-0,2
23	41-3/4	41,7	41,8		-0,4	-0,2
26	42-1/8	41,1	41,7		-0,5	-0,3
27	42-1/8	42,1	41,4	H	-0,7	-0,4
28	42-7/8	42,9	41,6		-0,2	-0,5
29	43-0	43,0	42,0		0,3	-0,3

30	43-7/8	43,9	42,7		1,2	0
3/9	43-3/8	43,4	43,3		1,6	0,6
4	42-7/8	42,9	43,4	B	1,4	1,1
5	43-1/8	43,1	43,4		0,7	1,3
6	43-3/8	43,4	43,1	H	-0,1	1,0
9	42-7/8	42,9	43,1	B	-0,3	0,4
10	42-7/8	42,9	43,1		-0,3	0,1
11	42-1/4	42,2	42,8		-0,3	-0,1
12	42-1/4	42,2	42,4		-0,7	-0,2
13	42-1/8	42,1	42,2		-1,0	-0,5
16	42-0	42,0	42,1		-0,7	-0,7
17	41-5/8	41,6	41,9		-0,5	-0,7
18	41-7/8	41,9	41,9		-0,3	-0,6

La colonne A représente la différence entre chaque moyenne mobile sur les cotes et celle de trois jours avant. La colonne B représente la moyenne mobile exponentielle avec un facteur égal à 0,5, équivalent à une moyenne mobile de 3 jours.

L'investisseur devrait appliquer le principe de la force relative avec une moyenne mobile sur les différences se situant entre 5 et 10 jours. Celle adoptée dans cet exemple sert seulement à illustrer le principe sans rendre l'exemple inutilement long.

L'application de la règle donnée révèle qu'une partie des signaux d'achat et de vente, obtenus précédemment, est douteuse à cause de l'incohérence entre le signe de la colonne B et le signal.

Gann

La théorie de Gann s'apparente considérablement à celle d'Elliott dans le sens que les deux chercheurs ont orienté l'analyse technique vers une réponse aux questions suivantes :

1) où ira le prix : à la hausse ou à la baisse ;
2) quel est l'objectif de prix à atteindre ;
3) quand cet objectif sera atteint.

Il s'agit d'une orientation très ambitieuse de la recherche en analyse technique. Il suffit en effet de souligner que les graphiques à bâtonnets ou les moyennes mobiles, deux des techniques les plus suivies par les investisseurs, ne trouvent que la réponse à la première des trois questions : où ira le prix. Gann, comme Elliott, recherchait dans le comportement des prix quelque chose qui s'apparente à la nature.

Il avait trouvé que le prix, dans ses variations, allait vers des objectifs qui sont le fruit de divisions que Gann définit naturelles. Les nombres les plus « naturels » sont les impairs.

Après un sommet, le prix trouve un support important à un prix qui est 100 % du gain plus bas, c'est-à-dire au prix de départ du gain fait. Une importance décroissante se trouve aux niveaux de 50 %, 25 % et 12,50 %. Ainsi, après l'augmentation de $ 1 dans le prix, le principal support se trouve à $ 1 plus bas et ensuite à $ 0,50, $ 0,25 et $ 0,1250 de l'augmentation. Les résistances dans les corrections se trouveront à $ 0,50, $ 0,75 et $ 0,875 : ces niveaux représentent respectivement 50 %, 25 % et 12,50 % dans la baisse, à partir du sommet.

Ce n'est pas tout. Gann avait trouvé que le temps se comporte comme le prix : une année se divise en échéances significatives. 26 semaines représentent le 50 % d'un an, 13 semaines représentent le 25 %, 45 jours sont le 12,5 % d'un an, 22,50 jours représentent le 6,25 % d'un an. C'est aux dates correspondantes à ces pourcentages que quelque chose de significatif peut arriver au prix.

La combinaison des prix et du temps donne une figure géométrique, qui peut prendre la forme, par exemple, d'un carré, d'un hexagone ou d'une figure à 12 côtés.

Voici l'exemple d'un hexagone :

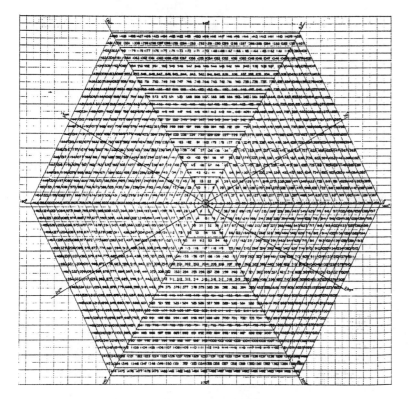

Dans ce dessin à 6 côtés, le centre porte le numéro 0. Le premier hexagone qui entoure le 0 porte 6 numéros, de 1 à 6, et chaque hexagone subséquent contient 6 numéros de plus.

Chaque côté de l'exagone représente 2 mois, parce que les 6 côtés qui font le tour du dessin représentent une année entière ou 360 degrés.

Gann avait appliqué ces considérations dans le marché à terme parce que c'était le domaine de son intérêt. Il affirmait que quand le prix rencontre le temps, un changement de direction important est à prévoir.

Après une baisse ou une hausse significative, le prix du produit à terme est repéré sur l'exagone : son objectif, ses résistances et ses supports à venir seront ceux qu'on retrouve respectivement dans le même hexagone, l'exagone supérieur et inférieur, à des points significatifs dans le temps.

On peut croire ou non à ce système : toutefois on trouve des coïncidences troublantes dans son application, qui donnent l'impression parfois que le marché boursier est animé par une force occulte.

L'investisseur qui veut approfondir et utiliser ce système, dans le marché à terme comme dans celui des actions, devrait lire l'œuvre de William D. Gann : « The Basis of my Forecasting Method for Grain » édité pour la première fois en 1935 et réédité en 1976 par Lambert-Gann, Pomeroy, WA.

Chapitre 5

L'analyse technique
par ordinateur

L'arrivée de l'ordinateur n'ajoute pas à l'analyse technique quelque chose de nouveau sur le plan intellectuel : il apporte toutefois une capacité infiniment plus grande de faire des graphiques et des calculs : précis et très rapides.

On trouve sur le marché des programmes qui sont capables de faire le graphiques à bâtonnets, à 0X, les moyennes mobiles, les oscillateurs et les balanciers, l'analyse selon Elliott, etc. Il n'y a pas de limites à l'application de l'ordinateur. Voici un exemple tiré d'un programme d'analyse technique parmi les meilleurs et les plus chers. Il s'appelle « Compu-Trac ». Son coût est d'environ $ US 2 000. Dans son menu on retrouve :

1) Avance-déclin
2) Indice du canal
3) Indice de sélection
4) Indice de la demande
5) Analyse de la tendance
6) Indice de la directivité du mouvement
7) Indice du momentum de Hall
8) Indice de Haurlan
9) Oscillateur de McClellan
10) Momentum
11) Moyenne mobile
12) Convergence/divergence des moyennes mobiles
13) L'intérêt ouvert
14) Oscillateur
15) L'indice parabolique
16) Les graphiques à 0X
17) Le taux de changement
18) Le ratio
19) L'indice de la force relative
20) L'indice à court terme des transactions
21) L'opération mixte (« Spread »)
22) L'indice stochastique
23) Le volume

24) La fermeture pondérée
25) Le % de Williams
26) Le prix médian
27) La régression linéaire
28) L'indice de variation
29) La volatilité
30) L'indice de Herryck Payoff
31) L'indice de Bolton-Tremblay et Shultz A/T
32) L'indice d'affaiblissement du mouvement de Arms.

Ce programme est sûrement un des plus chers et des meilleurs. Je soumets au lecteur la description de ce qu'il est capable de faire.

1) *Avance-déclin*. Le programme fournit deux types d'information.
a) La simple différence entre les titres qui ont avancé dans le prix et ceux qui ont reculé (par rapport à la fermeture du jour précédent).
b) La somme cumulative du nombre de titres qui ont avancé par rapport au nombre cumulatif de ceux qui on reculé.

Il s'agit des titres cotés à la plus grande bourse au monde : le New York Stock Exchange. L'étude du marché américain nous indique la tendance à venir de notre marché canadien parce que les É.-U. et le Canada sont peut-être les pays les plus interdépendants au monde.

2) *L'indice du canal*. Il s'applique principalement aux titres et aux matières premières qui ont un comportement cyclique. Son rôle est de déceler le début et la fin de chaque cycle.

3) *L'indice de sélection*. Son but est de classer à court terme le titre ou la matière première selon sa volatilité.

L'auteur de cet indice est Welles J. Wilder, dans son « New Concepts in Technical Trading Systems », édité en 1978.

4) *L'indice de la demande*. Il combine le volume des transactions avec leur prix pour donner le pouvoir de l'achat contre la pression de la vente. L'évolution de sa courbe donne le changement d'orientation du prix avant que celui-ci se manifeste dans les graphiques à bâtonnets ou autres.

5) *L'analyse de la tendance.* Son fonctionnement est simple. La moyenne mobile représente une ligne horizontale, en haut et en bas de laquelle les prix du titre en particulier ou du marché en général évoluent. Ceci donne une vision différente du graphique à bâtonnets et peut-être une meilleure lecture.

6) *L'indice de la directivité du marché.* Il divise les titres en deux catégories : ceux qui se trouvent dans une nouvelle tendance et ceux qui se trouvent dans une période de congestion.

7) *L'indice du momentum de Hall.* Il étudie le comportement cyclique d'un titre ou d'un produit à terme pour anticiper son mouvement à venir.

8) *L'indice de Haurlan.* Il s'agit de 3 moyennes mobiles exponentielles : à court (3 jours), à moyen (20 jours) et à long terme (200 jours) appliquées à l'indice des titres qui avancent moins ceux qui reculent (à la Bourse de New York).

9) *L'oscillateur de McClellan.* Il est basé sur le nombre de titres qui avancent contre ceux qui reculent à la Bourse de New York. Il donne le suracheté et le survendu du marché : deux points extrêmes qui devraient indiquer l'inversion de la tendance du marché.

10) *Le momentum.* Il calcule la variation de la vitesse du changement dans le prix en faisant la différence à un interval fixe entre deux prix.

11) *La moyenne mobile.* C'est celle décrite au chapitre 3.

12) *Convergence/divergence des moyennes mobiles.* Le calcul de deux moyennes mobiles sur le même titre fournit une indication : le parallelisme des deux moyennes confirme la tendance du marché. Leur divergence anticipe une inversion de la tendance actuelle.

13) *L'intérêt ouvert.* Il s'applique au marché à terme. L'intérêt ouvert est le nombre de contrats en position initiale. Plus ce nombre est grand au fur et à mesure que le prix avance dans une direction, plus cette tendance est solide. S'il y a divergence, le prix a la tendance à se corriger.

14) *L'oscillateur.* C'est la différence entre deux moyennes mobiles sur le même titre. Plus grande est la différence plus proche est le moment d'une correction du marché. L'inverse aussi est valable.

15) *L'indice parabolique.* Le but de cet indice est de fournir un prix de limite de perte, dans le capital ou dans le profit, en fonction du temps.

Quand le prix évolue dans une direction, la limite de perte suit d'une façon automatique le prix.

16) *Les graphiques à OX.* Le chapitre 1 donne déjà une description de cette méthode de faire des graphiques. La différence consiste dans le fait qu'avec un programme d'ordinateur comme celui-ci le graphique ce fait automatiquement.

17) *Le taux de changement.* Il s'agit d'un indicateur fait comme le momentum, mais cette fois la différence entre deux prix est transformée en pourcentage.

18) *Le ratio.* Il s'agit de la comparaison entre deux titres ou deux produits à terme. Par exemple, qui investit dans les métaux précieux a intérêt à suivre l'évolution de la relation entre l'or et l'argent.

19) *L'indice de la force relative.* Il transforme l'échelle de tout graphique entre 0 et 100. La divergence entre ce graphique et celui correspondant à bâtonnets indique l'imminence d'une inversion dans les prix. Si l'indice se trouve au dessus de 80 ou en dessous de 20 il indique respectivement que le marché est suracheté ou survendu. La description de cet indicateur de Welles Wilder se trouve dans une autre partie de ce livre.

20) *L'indice à court terme des transactions.* Il est appelé couramment « TRIN ». Il indique l'évolution du marché à très court terme (à l'intérieur d'une même journée). Inférieur à 100, il indique que le marché boursier est à la hausse. Supérieur à 100, il indique que le marché est à la baisse.

Il est fait à partir du nombre de titres qui avancent contre ceux qui reculent, en tenant compte des volumes respectifs. Voici la formule :

$$TRIN = \cfrac{\cfrac{\text{nombre de titres à la hausse}}{\text{nombre de titres à la baisse}}}{\cfrac{\text{volume du nombre de titres à la hausse}}{\text{volume du nombre de titres à la baisse}}}$$

21) *L'opération mixte.* Cette partie du programme étudie l'évolution d'un produit à terme contre un autre. Par exemple : le comportement des Bons du Trésor contre celui des Eurodollars. Il offre l'opportunité de tirer profit d'une aberration du marché en achetant le contrat d'un type contre la vente simultanée de l'autre.

22) *L'indice stochastique.* Cette indice est basée sur l'observation suivante : quand un titre est à la hausse la fermeture quotidienne tend à se faire vers le haut du jour. Quand un titre est à la baisse la fermeture quotidienne tend à se trouver vers le bas du jour.

Si il y a divergence entre le comportement des fermetures quotidiennes et celui des hauts ou des bas, ceci indique l'imminence d'un changement de direction dans l'évolution des prix.

23) *Le volume.* L'étude du volume sert à indiquer quand le prix est prêt d'un point tournant. Si le volume augmente dans la direction du marché l'évolution du prix est solide. Si il y a divergence, la tendance du prix est proche d'un point tournant.

24) *La fermeture pondérée.* Il s'agit d'un graphique dans lequel un seul point est placé pour chaque jour. Ce point est obtenu en additionnant le haut, le bas et deux fois la fermeture et en divisant la somme par quatre.

25) *Le % de Williams.* Cet indicateur donne le point de surachat ou de survente en cherchant la cyclicité dans le comportement des prix d'un titre.

26) *Le prix médian.* Il s'agit d'additionner le haut et le bas du jour pour ensuite diviser par deux. L'ensemble des prix obtenus donne un graphique. Sur le même graphique, on place les fermetures. On compare ainsi l'évolution des deux données.

27) *La régression linéaire.* Une méthode concernant ce calcul se trouve en appendice.

28) *L'indice de variation.* Il compare l'évolution du haut, du bas et la fermeture d'aujourd'hui avec celle de hier pour chercher l'orientation des prix de demain.

29) *La volatilité.* Cette indice se base sur l'observation que quand le prix arrive à son bas, la distance entre le haut et le bas quotidien tend à s'élargir, alors que quand le marché approche de son sommet, la distance entre le haut et le bas quotidien tend à se réduire.

30) *L'indice de Herryck Payoff.* Il est utile dans le marché à terme. Il compare l'évolution de l'intérêt ouvert avec celui du volume et des prix. Il anticipe les points tournants du marché un ou deux jours avant qu'ils se manifestent dans les prix.

31) *L'indice de Bolton-Tremblay et Shultz A/T.* Il s'agit de deux indices qui font référence aux nombre de titres qui avancent contre ceux qui reculent et ceux qui ne bougent pas. Dans le cas de l'indice de Bolton-Tremblay, il faut diviser le nombre de titres à la hausse par celui des titres qui n'ont pas changé. Ensuite, il faut diviser le nombre de titres à la baisse par celui des titres qui n'ont pas changé. Il faut ensuite soustraire au résultat de la première division celui de la deuxième.

L'indice de Shultz A/T est obtenu en divisant le nombre de titres à la hausse par la somme du nombre de titres à la hausse, à la baisse et inchangés.

32) *L'indice d'affaiblissement du mouvement de Arms.* Il fait la relation entre la direction du prix et son volume. Le produit des deux tend à augmenter dans une véritable tendance et à se réduire dans un marché en phase de congestion.

Cette longue liste d'indicateurs n'est qu'un exemple de ce que l'investisseur peut trouver quand il va à la recherche de logiciels basés sur l'analyse technique.

Il y a deux sources importantes de renseignement sur l'analyse technique par ordinateur. La première se trouve dans la revue « PC

Magazine » que l'investisseur peut trouver dans tous les kiosques à journaux et les magasins d'ordinateurs.

Périodiquement cette revue mensuelle publie une liste des logiciels d'analyse technique disponibles.

La deuxième source est la revue « Futures » : il s'agit d'une revue mensuelle spécialisée dans le marché à terme. Ce genre de marché est celui dans lequel l'analyse technique trouve sa meilleure application et son champ de recherche parce que le marché à terme est le plus apte, à cause de sa volatilité et de son effet de levier, à l'application des méthodes les plus raffinées de l'analyse technique.

Le lecteur intéressé à cette revue, qui ne se trouve pas dans les kiosques à journaux, trouvera l'adresse dans la revue hebdomadaire Barron's. (hebdomadaire financier américain).

Appendice

A· La régression linéaire

La régression linéaire appliquée à la Bourse est le calcul du prix probable à venir, grâce à l'interprétation de l'évolution des prix du passé.

Aujourd'hui, on trouve sur le marché des calculatrices de poche qui font le calcul de la régression linéaire automatiquement. Il y a aussi des livres de programmes en langage Basic dans lesquels facilement on retrouve un programme sur la régression linéaire. Il s'agit de le transcrire dans votre micro-ordinateur.

Ici je veux donner un système de calcul, relativement simple, pour trouver la régression linéaire « à la main ». La formule mathématique est la suivante :

$$y = a + bx$$

dans laquelle :

y = le prix probable à venir ;

a = la moyenne des prix du passé ;

b = une constante, dont la valeur dépend du nombre de prix utilisés dans le calcul et d'un diviseur, dont la valeur se trouve dans le tableau plus loin.

x = le jour considéré.

Voici un exemple pratique.

Les prix de fermeture de la compagnie AAA durant les 7 derniers jours sont :

Jours	Prix en $	« X »
1	12	−3
2	14	−2
3	15	−1
4	15	0
5	16	+ 1
6	18	+ 2
7	19	+ 3

La valeur numérique de « x » est trouvée en donnant la valeur de 0 à la cote centrale. La valeur de « x » devient négative et croissante au fur et à mesure qu'on s'éloigne dans le temps, positive et croissante quand on s'approche de la cote plus récente.

Il faut ensuite multiplier chaque cote par la valeur du « x » correspondant.

Jour	A Prix $	B « X »	Produit A x B
1	12	−3	−36
2	14	−2	−28
3	15	−1	−15
4	15	0	0
5	16	+ 1	+ 16
6	18	+ 2	+ 36
7	19	+ 3	+ 57
	109		+ 30

La valeur de « a » est égale à 109 divisé par 7 : 109/7 = 15,57
La valeur de « b » est égale à 30 divisé par 28 : 30/28 = 1,07.
Le nombre 28 est une constante, toujours égale à 28 quand le nombre de données à considérer est 7. Ce diviseur se trouve dans le tableau plus loin.

La formule devient alors :

$$y = a + bx = 15,57 + 1,07x$$

Si on remplace « x » par les valeurs allant de −3 à + 3 on obtient :

Jour 1 : y = 15,57 + 1,07x(—3) = 12,36
Jour 2 : y = 15,57 + 1,07x(—2) = 13,43
Jour 3 : y = 15,57 + 1,07x(—1) = 14,50
Jour 4 : y = 15,57 + 1,07x(0) = 15,57
Jour 5 : y = 15,57 + 1,07x(+1) = 16,64
Jour 6 : y = 15,57 + 1,07x(+2) = 17,71
Jour 7 : y = 15,57 + 1,07x(+3) = 18,78

Les valeurs ainsi calculées s'approchent sensiblement du réel. À présent, pour calculer la valeur probable du jour 8 on fait le calcul suivant :

Jour 8 : y = 15,57 + 1,10x(+4) = 19,85

La valeur (+4) vient du fait qu'il s'agit du jour suivant la plus récente cote. Si on veut calculer la valeur probable du dixième jour, « x » deviendra alors (+6).

Quand je dis que le calcul donne une valeur probable, il faut considérer qu'il peut s'agir d'une probabilité grande ou petite, un peu comme dans les prévisions économiques au météréologiques. Le nombre 28, par lequel on obtient la valeur « b », est valable quand le calcul de la formule est fait avec 7 données. Voici la valeur de ce diviseur avec différents nombres de données :

Nombre de données ou de jours	Valeur du diviseur
3	2
5	10
7	28
9	60
11	110
13	182

Pour ceux qui désirent absolument savoir d'où viennent les valeurs du diviseur, je dirai que chaque nombre du diviseur est égal à la somme des carrés de la colonne des valeurs de « x ».

Par exemple :

Valeur de « x »	Carré de « x »
−3	9
−2	4
−1	1
0	0
+ 1	1
+ 2	4
+ 3	9

La somme des carrés de sept « x » donne justement 28.

Si l'investisseur veut utiliser un nombre pair de données, il donnera la valeur de + 0,5 à la valeur centrale plus récente et −0,5 à la valeur centrale plus éloignée. En effet, dans le cas d'un nombre pair de données, il n'y a pas de valeur centrale unique à laquelle attribuer la valeur de 0. Ici, les valeurs centrales sont deux. Les autres valeurs de « x » seront : −3,5 ; −2,5 ; −1,5 ; −0,5 ; + 0,5 ; + 1,5 ; 2,5 ; + 3,5. Cette série de valeurs de « x » s'applique au calcul de la régression linéaire sur 8 données.

Au lecteur intéressé à approfondir ses connaissances sur la régression linéaire et sur d'autres aspects de ce genre de calcul, je conseille l'étude d'un manuel de statistique.

B- Les points tournants

Le lecteur qui fait soi-même les graphiques à bâtonnets devrait faire attention aux situations suivantes, s'il veut déceler des moments du marché dans lesquels des points tournants, mineurs ou majeurs, sont probablement en train de se former. Un point tournant est le moment dans lequel le marché change de direction. Voici des exemples.

1) Le marché est actuellement à la baisse et on constate le comportement suivant durant les deux derniers jours de bourse, hier et aujourd'hui :

On constate que le prix aujourd'hui est allé plus bas que celui d'hier mais il est allé aussi plus haut que le haut de hier. Une montée des prix, demain, est une possibilité.

2) On est dans un marché dont la tendance est à la baisse. Entre hier et aujourd'hui on constate les mouvements suivants :

Dans ce cas, non seulement le bas d'aujourd'hui est plus bas que le bas d'hier et le haut d'aujourd'hui est plus haut que celui d'hier. Mais, si on prête attention aux fermetures, on s'aperçoit que celle d'hier était près du bas d'hier, alors que la fermeture d'aujourd'hui est presque au sommet d'aujourd'hui. Ce comportement est plus significatif que celui du point 1) dans la probabilité d'avoir demain le prix à la hausse.

3) On est dans un marché dont la tendance est actuellement encore à la baisse. Le comportement des prix des 4 derniers jours est le suivant :

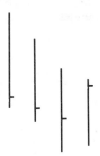

On constate ici que la fermeture d'aujourd'hui est la plus élevée des 4 dernières ; ceci signale un probable changement de tendance. Demain, les prix pourraient évoluer vers la hausse.

4) Nous sommes toujours dans un marché à la baisse. Voici le comportement des prix durant les quatre derniers jours de bourse.

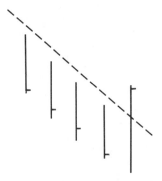

On constate dans cette configuration les caractéristiques décrites aux trois points précédents. En plus, le haut d'aujourd'hui a

162

dépassé à la hausse la ligne de résistance. Il s'agit d'un des meilleurs signaux graphiques de point tournant à la hausse.

Dans le cas d'un marché actuellement à la hausse, sur le point de virer vers la baisse, on peut retrouver les mêmes configurations décrites dans un marché en baisse, mais inversées.

C- La force relative

Le concept de force relative et la façon de la calculer a déjà été décrit au chapitre 4. Je veux ici décrire une autre façon de la calculer. Cette méthode a pris beaucoup d'ampleur depuis quelques années dans les revues spécialisées. Voici un exemple. Je prends en considération une dizaine de jours de fermetures. Chaque fermeture est comparée à celle précédente. Si la plus récente des deux est plus élevée que l'autre, la différence entre les deux sera positive et elle sera placée dans la colonne appropriée. Si la plus récente est inférieure, leur différence sera négative et elle sera placée dans la colonne des différences négatives.

Jour	Cote $	HAUSSE diff. positive	BAISSE diff. négative
1	19		
2	18		−1
3	17		−1
4	17		0
5	18	+ 1	
6	20	+ 2	
7	21	+ 1	
8	21	0	
9	22	+ 1	
10	23	+ 1	

On fait ensuite la somme des différences positives : H = 6. On continue avec la somme des différences négatives (auxquelles on enlève le signe négatif) : B = 2. On a écarté pour le moment le 11ième jour.

On divise par dix les sommes H et B. On aura :

(1)   HM = 6/10 = 0,6   BM = 2/10 = 0,2

On divise ensuite la valeur de HM par celle de BM :

(2)   0,6/0,2 = 3

On ajoute une unité. On aura : 3 + 1 = 4.

On divise le nombre 100 par le résultat précédent :

(3)   100 / 4 = 25

On soustrait cette valeur à 100. On aura :

(4) $100 - 25 = 75$

Cette dernière valeur est finalement la force relative pour le 10ième jour des cotes utilisées.

Pour obtenir la force relative du 11ième jour, c'est-à-dire pour la mettre à jour, on multiplie par 9 (10 jours moins un) les valeurs de HM et de BM :

$$NH = 0,6 \times 9 = 5,4 \qquad NB = 0,2 \times 9 = 1,8$$

À ces nouvelles valeurs on ajoute la différence entre la fermeture du 11ième jour et celle du 10ième jour. Puisque cette différence ($+2$) est positive, on l'ajoutera à NH, tandis que NB reste inchangé. On aura :

$$H = 5,4 + 2 = 7,4 \qquad B = 1,8 + 0 = 1,8$$

On divise ces deux dernières valeurs par 10 (le nombre de jours sur lesquels on base le calcul de la force relative dans cet exemple). On aura :

$$MH = 7,4/10 = 0,74 \qquad MB = 1,8/10 = 0,18$$

On continue ensuite avec l'étape (2) et les suivantes pour arriver au nouveau résultat.

Pour avoir une connaissance plus approfondie de ce concept je conseille au lecteur de consulter le livre : « New Concepts in Technical Trading Systems » dont l'auteur est J. WELLES WILDER, Jr. (P.O. Box 450, Greensboro, NC 27402).

Son utilisation est à mon avis plus appropriée avec le concept des moyennes mobiles, par exemple à 8 et à 30 jours. Voici les règles :

Marché fortement à la hausse : moyenne mobiles à 8 et 30 jours à la hausse avec la force relative à la hausse et supérieure à 50.

Marché à la hausse : moyenne mobile à 30 jours et force relative à la hausse avec la force relative supérieure à 50.

Marché fortement à la baisse : moyennes mobiles à 30 et 8 jours à la baisse avec la force relative à la baisse et inférieure à 50.

Marché à la baisse : moyenne mobile à 30 jours à la baisse et force relative à la baisse et inférieure à 50.

Les changements de tendances peuvent se révéler dans les situations suivantes :

- la force relative traverse la valeur de 50.
- le prix traverse la moyenne à 30 jours après une tendance prolongée dans la direction précédente.
- la moyenne de 8 jours traverse celle de 30 jours.

L'ampleur des moyennes mobiles (8 et 30 jours) et de la force relative (10 jours) utilisées est purement indicative. Le lecteur peut s'en servir comme il peut les modifier pour les adapter à son rythme d'investisseur.

D- Papier quadrillé

Pour mes graphiques j'utilise ce papier quadrillé. La grandeur donnée ici est celle d'un quart d'une feuille ordinaire.

Papier quadrillé ordinaire

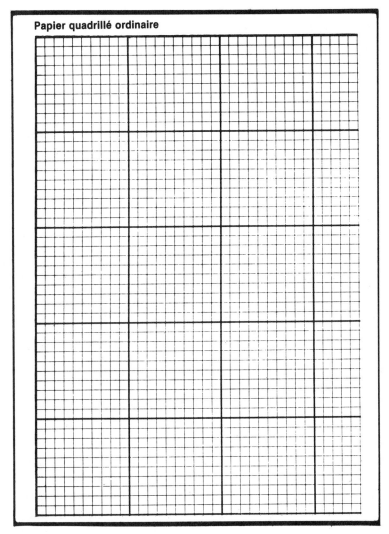

Papier semi-logarithmique
(format réduit).

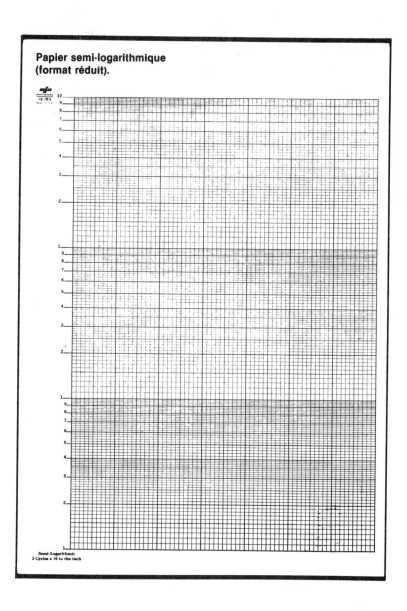

11.95 $

1985

8 années de fluctuations boursières

Tous les titres canadiens
1978-1985

Bibliothèque *FINANCE* / *The Financial Post*
INFORMATION SERVICE

AUSSI DISPONIBLE

$ 11 95

commande téléphonique :
(514) 284-0339
1-800-361-2164

Achevé Imprimerie
d'imprimer Gagné Ltée
au Canada Louiseville